标准数独入门
原来数独这么简单

小向 著

有效观察
针对练习
细致指导
实用技巧

中国纺织出版社有限公司

内 容 提 要

《标准数独入门：原来数独这么简单》是一本带你轻松入门的数独游戏教学书。这本书涵盖了显性唯一、排除、唯一余数、区块、显性数对、隐性数对这些基本技巧，以及显/隐性三数组和显/隐性四数组技巧两个拓展思维的技巧，能够让你完全轻松、快速地学习数独技巧，给你带来非常轻松的数独游戏体验。同时，本书还对每一个数独技巧和一些基本、基础的理论知识点提供了对应的小练习，能够帮助你巩固学习到的思维方式和技巧形式。最后，我们还提供了带有这些数独技巧的题目解析，让你拥有全新对数独游戏的认知。

图书在版编目（CIP）数据

标准数独入门：原来数独这么简单 / 小向著. -- 北京：中国纺织出版社有限公司，2022.3
　　ISBN 978-7-5180-9322-9

Ⅰ. ①标… Ⅱ. ①小… Ⅲ. ①智力游戏 Ⅳ. ①G898.2

中国版本图书馆CIP数据核字（2022）第018053号

责任编辑：郝珊珊　　责任校对：高　涵　　责任印制：储志伟

中国纺织出版社有限公司出版发行
地址：北京市朝阳区百子湾东里A407号楼　邮政编码：100124
销售电话：010—67004422　传真：010—87155801
http://www.c-textilep.com
中国纺织出版社天猫旗舰店
官方微博 http://weibo.com/2119887771
北京通天印刷有限责任公司印刷　各地新华书店经销
2022年3月第1版第1次印刷
开本：710×1000　1/16　印张：14
字数：136千字　定价：49.80元

凡购本书，如有缺页、倒页、脱页，由本社图书营销中心调换

001	第1讲 数独基本规则介绍

005	第2讲 数独入门需要接触的术语

第1节　解　006

第2节　提示数 / 已知数　007

第3节　行 / 列 / 宫 / 单元格　008

第4节　候选数　009

第5节　坐标　010

第6节　* 题目代码　012

第7节　练习题　013

015	第3讲 显性唯一

第1节　宫内显性唯一　016

第2节　行内显性唯一　017

第3节　列内显性唯一　019

第4节　练习题　020

标准数独入门：原来数独这么简单

021	第 4 讲 排除法

第 1 节　简单的宫排除结构　022

第 2 节　不太好看到的宫排除　024

第 3 节　排除位于一个完全没有数字的宫　025

第 4 节　简单的列排除　026

第 5 节　不太好看到的列排除　027

第 6 节　需要两个排除信息才可下结论的行排除　028

031	第 5 讲 排除法的观察

第 1 节　宫排除　032

第 2 节　行列排除　038

第 3 节　练习题　042

045	第 6 讲 唯一余数

第 1 节　冗余项很多的唯一余数　046

第 2 节　勉强能凑出一组的唯余　048

第 3 节　* 理论：显性唯一是同区域下的唯余　049

002

目录

051 | 第 7 讲
唯一余数的观察

第 1 节　双区域的唯一余数模型　052

第 2 节　三区域的唯一余数模型　054

第 3 节　为什么前文的例子是唯一余数呢　055

第 4 节　观察唯一余数时的注意事项　056

第 5 节　练习题　059

061 | 第 8 讲
区　　块

第 1 节　宫区块 + 宫排除　062

第 2 节　宫区块 + 列排除　064

第 3 节　宫区块 + 唯一余数　065

第 4 节　列区块 + 行排除　066

第 5 节　列区块 + 唯一余数　067

069 | 第 9 讲
区块的观察

第 1 节　区块的基本观察过程　070

003

标准数独入门：原来数独这么简单

    第 2 节 练习题 072

075 | **第 10 讲**
    | **显性数对**

    第 1 节 宫内显性数对 + 排除 076
    第 2 节 宫内显性数对 + 唯一余数 077
    第 3 节 不好找的宫内显性数对 + 唯一余数 078
    第 4 节 行内显性数对 + 唯一余数 079

081 | **第 11 讲**
    | **显性数对的观察**

    第 1 节 用割补来观察的显性数对 082
    第 2 节 其他的显性数对 084
    第 3 节 练习题 087

089 | **第 12 讲**
    | **隐性数对**

    第 1 节 宫内隐性数对 + 排除 090
    第 2 节 不好观察的行上隐性数对 + 排除 091

093	第 13 讲 隐性数对的观察

第 1 节　用排除来观察　094
第 2 节　练习题　096

099	第 14 讲 显性三数组和显性四数组

第 1 节　显性三数组（1）　100
第 2 节　显性三数组（2）　101
第 3 节　显性四数组　102

105	第 15 讲 隐性三数组和隐性四数组

第 1 节　隐性三数组（1）　106
第 2 节　隐性三数组（2）　107
第 3 节　隐性四数组　108

111	第 16 讲 实战题目解析（一）——排除、唯一余数

第 1 节　题目 1（基本题目）　112

005

标准数独入门：原来数独这么简单

第 2 节　题目 2（1 个唯一余数）　123

第 3 节　题目 3（3 个唯一余数）　127

第 4 节　题目 4（17 提示数数独）　131

135 | 第 17 讲
实战题目解析（二）——区块

第 1 节　题目 1（基本题目）　136

第 2 节　题目 2（稍微难一些的题目）　139

第 3 节　题目 3（2 个区块）　143

149 | 第 18 讲
实战题目解析（三）——显性数对

第 1 节　题目 1（基本题目）　150

第 2 节　题目 2（1 个显性数对和 1 个区块）　153

第 3 节　题目 3（2 个显性数对）　159

165 | 第 19 讲
实战题目解析（四）——隐性数对

第 1 节　题目 1（基本题目）　166

第 2 节　题目 2（显性数对和隐性数对）　169

第 3 节　题目 3（复杂的题目）　173

179 | 第 20 讲
实战题目解析（五）——复合结构

第 1 节　题目 1 [（区块 + 区块）+ 唯一余数]　180

第 2 节　题目 2 [（区块 + 区块）+ 区块 + 唯一余数]　183

第 3 节　隐性数对 + 显性数对 + 唯一余数　186

193 | 第 21 讲
附加内容

第 1 节　数独的发展历史和杰出人士简介　194

第 2 节　坐标表达的完整规则　198

第 3 节　盘面里使用的一些图片记号　200

第 4 节　题目的一些特殊属性　202

第 5 节　其他数独相关学习资料　207

欢迎来到数独的神奇世界！在这里你可以跟我一起学到数独的一些基本技巧，以及它们的观察方式，还有一些关于数独赛事的补充内容。

标准数独入门：原来数独这么简单

下面为大家介绍一下数独的基本规则。

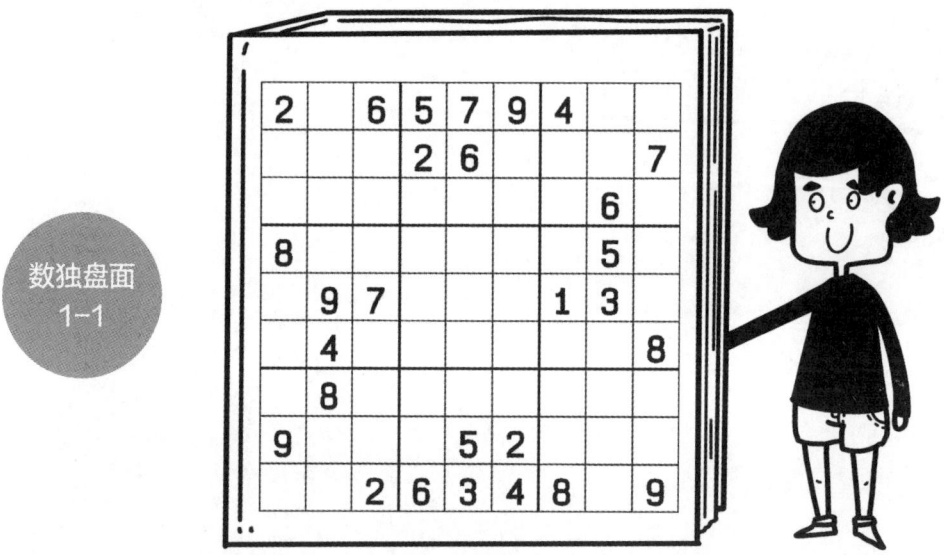

数独盘面 1-1

如盘面1-1所示，这是一个基本的数独题目。它使用9行和9列构成一个"矩阵"，里面部分的格子有一些数字，且刚好都不超过9。虽然听起来这些东西跟数学有关，但它的实际规则和数学关系不大。

数独的游戏规则是这样的：在空格里放上数字1~9的其中一个（即每一个格子都要保证有一个数字，而且这个数字必须是1~9的其中一个，不能是负数、小数或者两位数等），如果格子里已经有数字了，就不要往里写东西了；同时，放入的数字需要保证它的所在行、列，以及由图中较粗的线条围起来的9个格子里，都不包含和这个数字相同的数字。换句话说，比如第4行第1个格子已经有一个8了，数独规则就要求第4行、第1列，以及这个8所在的由粗线围起来的9个格子里，也都不能再次出现数字8，也就是说你只能填入1~9里除了8的其余数字。

这个规则较为晦涩，因为只单独看一个格子的话，不是很好说明具体的细节，对于逻辑推理而言，帮助也不大。因此为了方便介绍，我们将规则理解为

002

第1讲 数独基本规则介绍

如下内容：

在空格里填入数字1~9，使得每一行、每一列以及每一个由粗线围起来的9个格子，都恰好包含一套完整的1~9的数字组合，顺序可以不定，但1~9的每一个数字不能在这一行、这一列和这个粗线围起来的9个格子里缺失，或重复出现。

下面我们给出数独盘面1-1的答案（我们称为题目的解）。

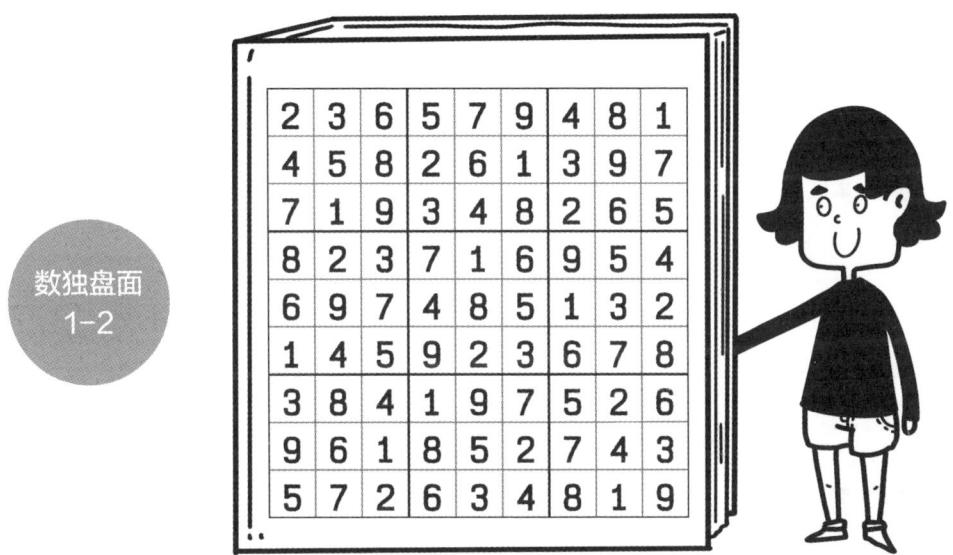

数独盘面 1-2

如盘面1-2所示。可以看到，每一行、每一列和每一个粗线围起来的9个格子里都不含有相同的数字。举个例子，比如第1行，1~9的每一个数字均出现了，而且也都只有一个，不多不少。另外，这个题目只有这一个答案，你无法找到另外一个满足数独规则且和该盘面填数不同的情况。

可以从规则看出，其实数独的规则和数学知识关系不大，甚至没有用到加减乘除运算。因此，你无需担心你的数学水平是否过关，是否适合完成数独题目，只要有一张纸和一支笔，你就可以随时随地享受数独的乐趣。

第 2 讲
数独入门需要接触的术语

为了方便介绍技巧和文字信息,我们需要了解一些与数独有关的术语,它们乍一看不好理解,但我们后续会经常接触到和反复介绍它们,随着读书进程,相信你一定会掌握它们。

标准数独入门：原来数独这么简单

第1节 解

我们把一个题目的答案称为题目的解。在一般情况下，一个题目只能包含一个正确的解。题目的解是无法控制的，出题的时候可能产生多解的题目（例如随意在空盘[1]上放上一个数字，题目就是多解的）；另外，你可以随意给定数字，使得同一行上具有相同的数字，那么这样的题目就是无解的，因为我们无法得到正确的、满足数独规则的结果。

在出题的基本要求下，我们要求题目是唯一解的。换句话说，出的题目必须只能包含一个答案，这是对题目的一个基本要求。多解的题目在后续通常都无法继续完成，这意味着你无法按照逻辑推理得到所有空格的数字，总会存在一些格子可以随便怎么填都不影响数独规则。这样的题目是我们予以避免的，否则我们不能保证每一步都是通过100%的逻辑推理得到最终的结果。与此同时，无解的题目也应避免。除非在一些比赛中，它们会故意出一些无解的题目提供给玩家来完成，因为这样的题目往往不必完成很多空格，只要达到目标即可。而与此同时，无解的题目还能防止玩家猜测题目的数字。因为题目本身就是无解的，所以玩家怎么猜测都不可能得到正常的结果，即总会产生矛盾，这样玩家就不知道是由于题目无解导致的矛盾，还是由于猜测的填数导致的矛盾，也无法判断自己猜测的数字的正确与否。

---

[1] 空盘指的是整个9×9的网格上没有任何信息的情况。

第 2 讲 数独入门需要接触的术语

第 2 节 提示数 / 已知数

我们把数独盘面 1-1 里所有初始情况下就有的数字信息称为提示数或者已知数。这些数字在题目最开始就存在，它们保证题目的唯一解要求和题目的基本提示信息。如果没有它们或是缺少其中一个或一些，题目都很有可能会出现多解的情况。

另外，很多数独的相关习题集和相关技巧教程里，大多题目的提示数的摆放都是中心对称[1]的。这并不是说所有的数独题目都必须按照这个规则来，但对称的摆放会有两个好处：

第一，让玩家觉得题目比较好看。题目的优劣不能一眼看出来，但中心对称的提示数摆放会让玩家觉得题目是精心挑选和出题的，因此这样的题目会给人一种赏心悦目的感觉，做起来也比较放松。

第二，让出题者可以更快定位和校验题目的数字缺失。在出题的时候，出题者会反复校验题目的正确性。在完成出题后，题目就可以拿给别人做了。但是其间可能因为马虎大意而导致数字漏抄的情况。中心对称的图案可以形成一种弱的约束，让出题者和玩家通过图案来确认是否有数字漏抄。这样可以减少一些做题之前犯下的低级错误。

当然，也不是所有正确的题目都必须具备中心对称的摆放规则。只要题目有唯一解，数字的位置可以随意给定。因此，你完全可以出一道题，数字的摆放不遵循中心对称摆放的规则。例如下面的题目（盘面2-1）。

---

[1] 中心对称的意思是，按照第 5 行的第 5 个单元格为中心，把整个题目旋转 180° 之后，所有的提示数的摆放仍然没有发生变化。比如第 1 行第 2 个单元格在旋转 180° 之后会变换到第 9 行第 8 个单元格上，但中心对称的摆放会使得这两个格子均有提示数信息。这样的题目称为中心对称的题目。

标准数独入门：原来数独这么简单

数独盘面 2-1

如盘面2-1所示，这就是一个有唯一解的、按轴对称摆放的合格题目。

第3节 行/列/宫/单元格

所谓的行就是一整排的9个格子，而列指的是一整竖列的9个格子，而单元格，就是格子的意思。

那么宫是什么呢？宫指的是盘面里用粗线围起来的那3×3的9组单元格，而一组仍然也是9个格子，因此也经常被叫作九宫格。不过"九宫格"三个字会和别的东西造成歧义，因此这里我们仅使用"宫"来表示。宫的编号是从左到右、从上到下的，也就是说，最上面的三个宫从左到右分别编号第1、第2和第3个宫；而中间的三个宫从左到右则分别编号为第4、第5和第6个宫；最下方的三个宫从左到右则是第7、第8和第9个宫，如盘面2-2所示。

第 2 讲 数独入门需要接触的术语

数独盘面 2-2

第1宫	第2宫	第3宫
第4宫	第5宫	第6宫
第7宫	第8宫	第9宫

第 4 节 候选数

候选数指的是每一个空格上可以填入的数字的可能性信息。比如下面这个题目：

数独盘面 2-3

如盘面2-3所示❶，这个题目每一个空格的填数可能均被列举在题目里。这些标注在空格里的小数字我们都称为候选数。

另外，在本题里，部分候选数并未出现，比如第5、6行第7个单元格还可以填4等。本题的候选数并非全部列举，因而仅供参考。

候选数的作用是为了让玩家更快找到一些之前做题期间没有记住的推导结果。有些时候我们不能记住它们，因此我们经常把这些信息标记在格子里，用于以后的逻辑推理。不过本书的内容难度不大，因此这类信息用得不是很多，因此大概知道有候选数这个东西的存在即可。

第 5 节　坐标

坐标是数独里一个非常重要的概念。它用来描述每一个格子的信息，方便我们表达一些内容。

我们按照第1~9行的顺序用字母A到I（即A、B、C、D、E、F、G、H、I）挨个编号，而第1~9列的顺序则使用数字1~9（即1、2、3、4、5、6、7、8、9）编号。于是，使用字母和数字进行组合，就可以表示一个单元格具体在多少行多少列了。举个例子，第3行第9个单元格我们记作C9，第8行第4个单元格则记作H4。

接着，我们使用等号"="表示这个格子应填入数字几。比如表达式"C2=1"表示C2这个单元格（第3行第2个单元格）应该填入数字1；另外，我们还使用不等号"≠"表示这个格子不应填入数字几。例如表达式"D7≠4、5"表示D7单元格（第4行第7个单元格）不可能填入4和5。另外，在部分网上的数独教程或资料里，不等号"≠"也写作"！="（感叹号和等

---

❶ 本题目较难，因而不建议尝试完成题目。笔者故意选取了一道较难的题目，用来展示候选数到底是什么。

第2讲 数独入门需要接触的术语

号）或"<>"（小于和大于符号），而另一方面，"4、5"也经常省略中间的顿号，记作"45"。数独里不存在超过10的数字，因此写成"D7≠45"别人也不会误以为D7不能填入四十五，因为数独里只会用到不超过两位数的整数，不会产生歧义。本书采用完整记法，不省略顿号的同时，使用"≠"表示不填入某个（或某些）数的情况。

坐标的表示有些类似于数学内容，但它也只是借用数学的符号来表示一些内容和概念，我们学习数独期间也就只会用到这两个符号。在基本的数独规则里，因为我们不使用大小比较关系，所以在数独里我们也用不上大于符号">"、小于等于符号"≤"等。

而且，坐标和坐标可以合并表达。比如A7和D7同属于第7列，因此也经常被简记为AD7；同理，A1和A4同属于第1行，因此也经常被简记为A14。这里的"14"是1和4的合并，在数独题目中也不会造成歧义，误以为是真正的第1行的顺数第14个单元格，因为盘面每行、每列、每一个粗线围起来的3×3区域❶也都只包含9个格子，挨个进行编号也不会编到超过10的情况。

最后是候选数的表示。候选数一般使用小括号"（）"来列举信息。比如A7（2）表示第1行第7个单元格的填2这种情况，而C456（36）就表示第3行第4、5、6三个单元格的所有3和6的填数情况。不过，整个合并起来类似C456（36）这样的写法比较少见。

如果想要了解完整的坐标规则，你可以参考本书第121页的"坐标表达的完整规则"一节内容。

---

❶ "区域"这个词一般指的是行、列、宫三种元素的统称。本书对这个词语使用频率较低，因此以脚注的形式呈现该词语的意思。

标准数独入门：原来数独这么简单

第 6 节 *题目代码[1]

本书除了前面的基本概念外，还为每一个稍后介绍的题目配有题目的代码。所谓的题目代码，是允许题目的信息可以输入和数独相关的电脑程序或手机app的一串文字信息。这里为了能够让你更加方便地了解到每一个题目的具体文字信息，从而更方便、快捷地输入到电脑或手机app里，我们专门为大家提供了这个机制。

我们来举个例子。例如上一节的题目（即盘面 2-1）的题目代码信息为：

题目代码
3..2...1...5.1...1.8...6.5...2.6.....29.74...67...21..5..7..6.89... ..37.3..6..4.

这一串数字的意思是什么呢？我们把整个题目从左上角开始，从左到右、从上到下挨个按照次序地录入。其中1~9就表示当前代表的单元格已经包含了提示数，而点表示占位，它表示这个格子目前是空格状态。

后面讲解的题目并非一定从最开始讲解，有些题目会预先给出一部分已经填好的数字。它们称为填入数。这样的数字在这串代码里，会在数字之前追加一个加号"+"，来表示它并非初盘[2]给出的数字。以后遇到了这样的题目，我们还会以脚注的形式作出说明。

那么基本的概念就说到这里。下面我们正式进入到数独的基本技巧的介绍。

等会儿，先别急。我们先来做一些练习题吧。

---

[1] 从本节开始，带有星号（*）的内容作为扩展内容，因为它们比较难，也不是特别重要。如果你需要了解它们，可以阅读对应的内容；而如果觉得有些困难，则可以忽略它们——它们不影响你阅读整本书的体验。

[2] 初盘指的是题目最开始的样子。换句话说，一个题目在最开始拿给你的时候，这个盘面就称为初盘。

012

第 7 节 练习题

从本节开始，我们给每一个阶段内容都开设了练习题的版块，不论是用于讲述理论还是实践的题目，我都希望你在闲暇之余完成它们，以对数独有更稳固的认知。

		3		2				1
				5	1			
1	8					6		5
				2	6			
	2		9		7	4		
	6	7				2	1	
	5			7			6	
8	9						3	7
	3				6		4	

题目1：坐标里的H3是表示哪一个单元格？

题目2：坐标的A1、A6可以简记作什么？

题目3：上面盘面一共有多少个提示数？

答案：
题目1：第8行从左数第3个单元格。
题目2：A16。
题目3：29个提示数。

第 3 讲
显性唯一

显性唯一是一种比较特殊，但比较容易入门，仅利用最基本的规则就可以得到结论的基本技巧。

标准数独入门：原来数独这么简单

第 1 节　宫内显性唯一

数独盘面 3-1

题目代码
.6........9.752.6.24.1.78..1.734....439.812....162.5..76.8.53.1.854.9........6.

如盘面3-1所示❶，第5个宫此时仅剩下唯一一个空格。按照数独的基本规

---

❶ 顺带一说。可以发现这个题目的图片里，第5宫已经都被数字填满了的情况。这里，我们要把E5这个深色阴影的单元格当成这个题目的结论。而在下结论之前，我们暂且将其视为空格，以当前的推理过程最终会得到这个填数结果，浅色阴影是辅助推导这个结论的一组单元格。以后的所有题目讲解里也广泛使用这个标记手段，因此请注意一下。

则，我们必须要在所有的空格里都填入一个属于1~9的不重复数字，那么在第5个宫里已经给出的这些数字就不可放在E5了。那么仔细数数看，1、2、3、4、6、7、8、9全部都有，那么只剩下5没有填过了。如果题目正确的话，那么E5=5一定就不会有错。因此E5=5是正确答案。

通过某一个宫里仅剩的唯一一个空格来得到结论的技巧称为显性唯一。所谓的"显性"暗示这样的结论是大白话一般，只要熟读规则，就可以马上给出判断和结论；而"唯一"则指的是空格只有一个的情况。

当然，显性唯一并不一定仅存在宫里。那么下面来看一下行或列上的显性唯一吧。

第2节　行内显性唯一

数独盘面 3-2

			1					
1		9		4				5
	9	3				7	8	1
3	2	7	6	4	5	8	1	9
8	5	9			1		4	
6	1	4	8	9	2	3		
	3	2				1	9	
9			1		3			2
				2				

标准数独入门：原来数独这么简单

题目代码
....1....1..9.4..5.93...78+1+3+276+458+1.+85+9..+1.4.+6+148+923...32...19.9..1.3..2....2....❶

如盘面3-2所示，这次我们注意第4行。可以仔细看看，第4行只剩下唯一的一个空格。这个空格应该放入的是除了3、2、7、6、4、5、8和1以外的、剩下的那个数。这个数字序列里只有9没有出现，因此，D4=9。

虽说这个推理思路还是挺简单的，但是也经常有小伙伴忘记使用这样的技巧来填空，然后就会在某一个地方卡住，一直无法继续完成题目。希望各位小伙伴能够更加细心一些，尽量优先去使用这种技巧，遇到不会了的，再去看看别的地方，或是别的更高级的技巧。

---

❶ 在题目代码里包含了加号"+"。加号右侧的数字是这个格子里的填数，而加号表示这个格子不是初盘（最开始的盘面）里就有的数字，而是后续通过逻辑推理填入的数字。它们不能保证100%都是正确的，可能因为自己的疏忽大意而填错，也可能因为逻辑推理错误而填错。但本书里所有的题目给出的这些后续填入的数字，均为正确、严谨、有效的填数，它们是100%正确的。它们在题目的代码里使用"+数字"的形式表达出来，而加号就是用于区分它和提示数的，因为提示数不带加号。

018

第 3 节　列内显性唯一

数独盘面 3-3

题目代码

+34.+95..6.95+64.1.23...6.3+4.+5+413+78+965+22+9+5
1+36..4+867+24+593+1...3.4...62.5.7.48.3..9..7.

如盘面3-3所示，请仔细观察第4列。这个题目就不必多说了，因为它们的逻辑是一致的。那么，细心的你能不能自己完成对这个题目的推理呢？

标准数独入门：原来数独这么简单

第 4 节 练习题

如盘面3-4所示，请使用显性唯一完成这道题。本题只需要使用显性唯一即可完成，难度不大。

数独盘面 3-4

题目代码

...3..9...85.62713.21795.641.2843659.685.9231.391264.789.631572.5328.196.1695734.

答案：

第 4 讲
排除法

下面我们来介绍第二种技巧：排除。和刚才的显性唯一差不多，排除也存在按照行、列、宫三种不同类型的排除法。下面我们来看看它们。

标准数独入门：原来数独这么简单

第1节 简单的宫排除结构

数独盘面 4-1

题目代码
..5...9...12.5.64.467...358...276....7.1+89.6....534...651...829.89.2.43...4...1..

如盘面4-1所示，我们把视野聚焦到第1个宫，可以观察到，第1行里已经有格子是9了，这意味着同一行上的别的空格里，就不可以再放数字9了，否则这一行上就会出现两次9，导致违背数独的基本规则：每行1~9各一个。

如果没看到的话，请看看这一行靠右边的单元格。是的，A7是9。

于是，你再看看第1个宫。第1个宫只有3个空格，而其中的A1和A2（简称

022

第4讲 排除法

A12，这种简称前文已经说过了，这里再提一次，后续就不再说明了）是处于第1行的，因此，A1、A2≠9。

既然如此，那么仅剩的空格B1是唯一可以放下数字9的地方了。因此，按照数独的规则来看，总不能第1个宫连一个9都不填进去吧？因为要求的是1~9都得有一个。所以说，B1=9是正确答案。

我们把这种排除填数行为的操作称为宫排除。为什么是宫排除呢？因为我们下结论的地方是第1个宫。虽然我们在题目里用到了第1行A7的数字9用于排除A12填入9的情况，但最终填入数字的格是B1，而A7的数字9也仅仅是起到了辅助作用。因此，排除法的名称看的是这个技巧下结论的地方在哪里。也就是说，结论是哪里，就叫什么排除，比如在第3行得到了排除结果，那么我们就可以称其为行排除。

那么，为什么我要先介绍宫排除呢？宫相对于我们日常生活中接触到的行和列的概念来说，出现的频次会少很多，甚至可以说也就只有九宫格填空[1]里稍微用到了"宫"的说法。那么出现频次都不够多，却先介绍宫排除，这是为什么呢？这里我先卖一个关子，在第4节，我们会接触行排除技巧，并在下一讲介绍排除技巧的观察方式，那里我会告诉大家真实原因。我们先来看一下另外一则宫排除，不过这个题就稍微难一些了。

---

[1] 九宫格填空指的是在3×3的九个格子里分别填入1~9，使得每一行、每一列和两条对角线的和都是15的一种游戏。

标准数独入门：原来数独这么简单

第2节　不太好看到的宫排除

数独盘面
4-2

题目代码
9.......7...6.8....16.9.24.7.4...8.6.3.....5.2.8...1.9.82.3.71....4.1...1.......3

如盘面4-2所示，我们关注数字1。请注意第4个宫，数字1仅剩唯一一个可以填入的位置。按照数独的基本规则，我们要求1~9都得在任何行、列和宫中都出现恰好一次，因此数字1也不例外。

可以看到，I1是提示数1，这意味着同一列不能填入第二次1了，所以同属于第1列的E1就不能是1了；而我们再次注意到第2列，发现C2也已经包含了数字1，因此也位于第2列的单元格D2和F2就不能再次填入1了。

第 4 讲 排除法

再次观察第4个宫，可以发现能放1的位置只剩下唯一一个单元格，即E3了。因此，E3=1就是这个题目的结论。

第 3 节 排除位于一个完全没有数字的宫

数独盘面 4-3

3	7	9	6	4	8	5	2	1
5	1	4	7	②	9	6	8	3
8	6	2	5	1	3	7		
9	3	6	2	✗	✗		8	7
7	②	8	✗	✗	✗		1	
4	5	1	✗	✗	✗	②	3	
1	4	5			7	②		
6	9	7	3				1	2
2	8	3			4			5

题目代码

3+7+96+4+8+52151+4+7+29+68+3+8+6251+37..+93+6...8.7+7+28...1..4+51...+23.+1+45.723..+69+73..1228+3..4..5

如盘面4-3所示，请注意第5个宫。仔细观察就可以发现，虽然整个宫都是没有数字的状态，但仍然可以通过基本的宫排除确定2的最终填入位置：D4。按

025

照前文整理出来的逻辑，我们可以发现，第5行、第6行，第5列和第6列均已经出现了数字2，因此这些行或列上就不能再次出现额外的数字2了。

正是因为这个原因，第5个宫仅剩下D4可以放下2，即D4=2。

可以看到，这个题目还比较好理解。下面我们来看两则以行或列作为排除结论的题目推理过程。

第4节 简单的列排除

数独盘面 4-4

题目代码

+6+8+9.+5..4....62.589.+5.8.967..76+3.51+9.+59+8....3.+1.39..75..645.8...815.36....3....+8+6+5

如盘面4-4所示，我们这次注意一下第2列。可以发现，第2列只剩下两个空格，因此这样的填数会比较容易找到。

可以看到，第2列下面这个空格（即F2）应该可以填入的数字可能是2和4这两种情况，但是B2≠2，因为B2所在行上是有2的存在的，那么第2列必须填入2的机会就留给F2了，因此，F2=2。

我们把题目里用到的、以列作为下结论的区域的排除法称为列排除；同理，也存在行排除，稍后将会提到。行排除和列排除也经常统一称为行列排除或者线性排除，其中行列排除这个词用得比较多。

另外，在这个题目里，因为只有两个空格，所以这样的排除还比较容易发现，下面来看一个不太容易的排除。

第5节　不太好看到的列排除

数独盘面 4-5

标准数独入门：原来数独这么简单

题目代码

.61.+7.92+3.53.1.46+7..+7.3+6..+16..7.9.+14...6.3.+7+9 7..8.1+6.5....6+7....28.9.74+6.76...19.

如盘面4-5所示，这次请你注意第5列。第5列一共有4个空格等着我们填入数字。但是仔细一看就会发现DEF5≠8。为什么呢？因为第5个宫里已经包含了数字8的信息（即F4），因此同属于第5个宫的DEF5就不可能再填入8了。

而此时，4个空格的填数机会一口气排除掉三个，因此，也就只剩下I5可以填入8，因此I5=8。

这个排除稍微难一些，因为它虽然是列排除（在第5列里下结论），但它用到了一次对第5宫作排除的F4的这个数字8，它不容易一下就观察到。

第6节　需要两个排除信息才可下结论的行排除

数独盘面 4-6

第4讲 排除法

题目代码

..+17+328.6..+7+15..2.+2.3.....13..27+1..4.1.9+43.8.7+2+4+586+1+395...+2+74+1..7..1....1.28.5...

如盘面4-6所示，请注意第9行。第9行最终只能让I2=4，因为其余在第9行的空格都不能填入4：因为E5是4，所以I5≠4（位于同一列）；而因为G7是4，所以I789≠4（位于同一个宫）。

因此，I2=4就是这个题目的结论。

这个题目用到了连续两次排除的信息：一个是E5的4，另一个是G7的4。那么，排除法的逻辑推理过程就讲完了。下面我们来看看如何去观察它们。

第 5 讲
排除法的观察

下面我们来说说,排除法应该如何观察。

第1节　宫排除

为什么先讲宫排除？你想想看，你的眼睛能够看到的范围大概就是你前方一小片的部分，而行、列、宫三种不同的元素，只有宫最适合眼睛观察。行和列都是长条形状的区域类型，而宫是3×3的正方形。

正是因为这样，宫这种似乎比较生疏的区域类型就显得更容易观察了。因此，我们都建议大家先观察宫排除，而实在找不到了的话，再试试行排除或列排除。

另外，我们也不必分得那么细，行排除和列排除的差别也不大，从观察角度来说，行排除和列排除直接合并在"行列排除"一节的内容一起讲解。

先把行列排除放在一边，我们现在先来说说宫排除。为了介绍我如何观察，我将拿出一道题给大家讲解。

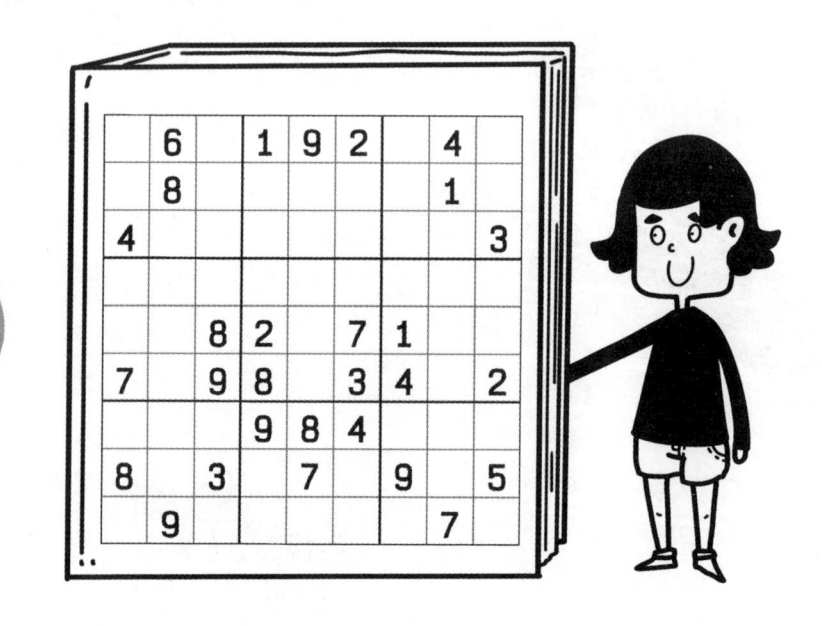

数独盘面 5-1

	6		1	9	2		4	
	8						1	
4								3
		8	2		7	1		
7		9	8		3	4		2
				9	8	4		
8		3		7		9		5
	9						7	

第 5 讲 排除法的观察

题目代码

.6.192.4..8.....1.4.......3..........82.71..7.98.34.2...984...8.3.7.9.5.9.....7.

如盘面5-1所示。

宫排除是按同一种数字下结论的技巧。我们仔细看看上一讲的内容就可以发现，每一个题目都只跟一个数字有关。换句话说，每次推理过程都只涉及一个数字，比如对数字1的排除，那么就只用观察和数字1有关的排除信息。既然如此，我们一次只需要观察一种数字即可。

初学的话，我们建议从1开始按照数字顺序依次观察每一种数字的分布。

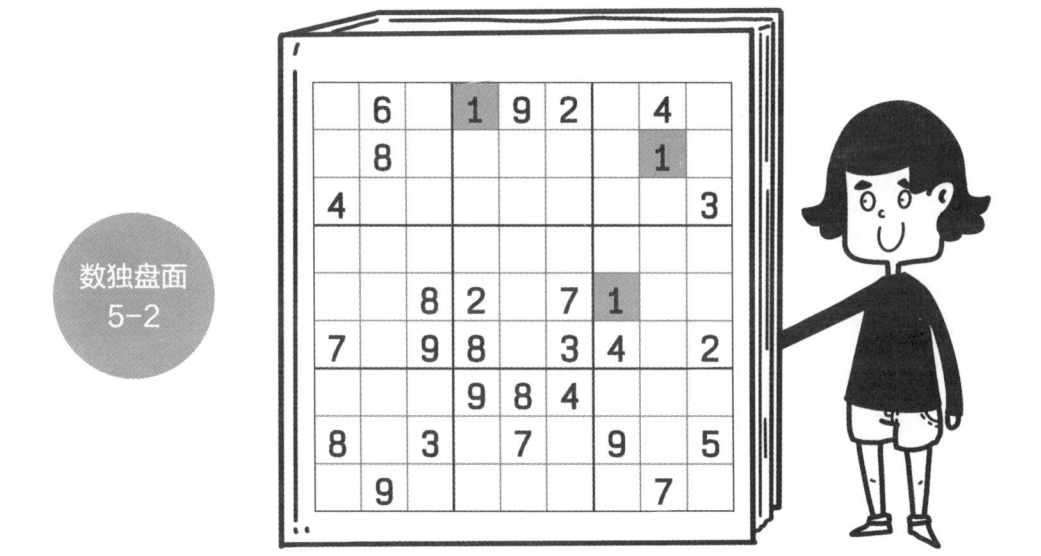

数独盘面 5-2

如盘面5-2所示。我们找到所有1的位置之后，可以发现所有关于1的信息都在右上角三个宫里，这样的分布很不容易出现1的宫排除，因为它们的分布比较"紧密"，即这三个1的所处宫全部是挨着的。

挨着的宫意味着我们能够叠加排除信息找到结论的位置就很少。比如说，

标准数独入门：原来数独这么简单

数字1的所处宫分别是第2、第3和第6个宫，那么可以有排除效果得到结论的宫可以是第1和第9个宫，因为第1宫和第9宫可以叠加使用这3个数字1的信息。稍微细致地看一下就会发现，第1和第9宫无法得到结论。就第1个宫来说，我们还剩下C12两个单元格可以放数字1，并且无法继续确定。数独是严谨的推理游戏，我们不建议继续通过猜测或假设的形式来做题，因此到此时我们的推理过程就"戛然而止"了。同样的，我们观察第9个宫，仍然有两个单元格GI9可以放数字1，也无法继续。因此，数字1无法通过宫排除得到结论。

顺带一提。可以从这个视角看出，像是第7个宫这样，跟数字1的信息毫无关系的宫，在找寻宫排除的时候完全不必看它们。这样节省了很多时间。

接着，我们来看数字2。还是一样，先得到所有数字2的信息：

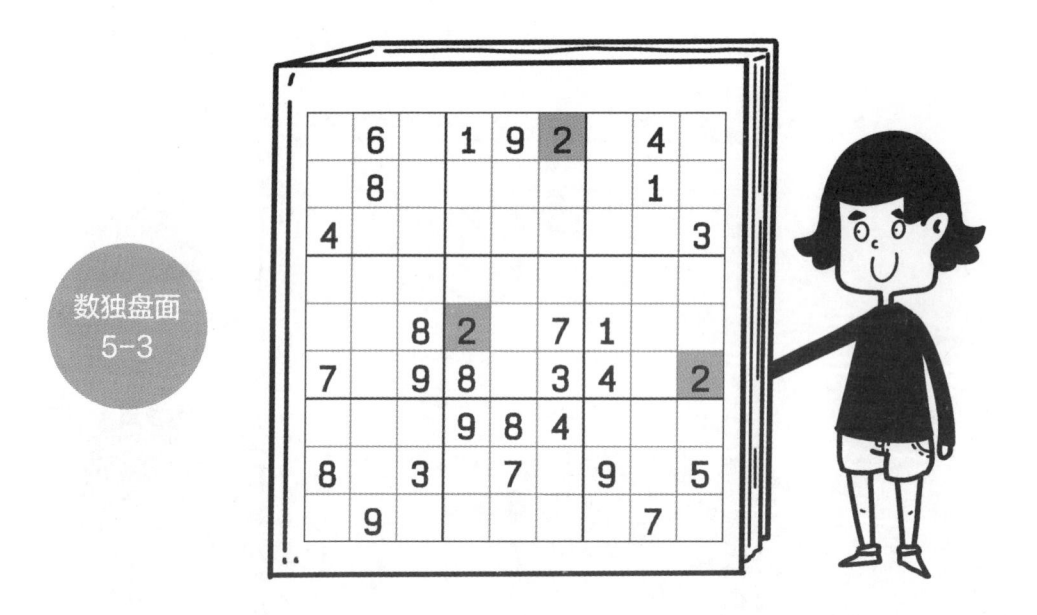

数独盘面
5-3

如盘面5-3所示。虽然数字2也只有三个，但你明显可以看出它和数字1的不同：第8个宫可以得到数字2的宫排除结论：I5=2，而完整的推理过程想必你已经非常熟悉了，因此我在这里就不再重复说明了。

由于刚才这个I5=2的结论很明显是100%正确的推理结论，因此我们完全可以把我们填进去的这个数字2作为下一步推理过程的信息点。

034

第 5 讲 排除法的观察

数独盘面 5-4

	6		1	9	2		4	
	8						1	
4								3
		8	2		7	1		
7		9	8		3	4		2
			9	8	4			
8		3		7		9		5
	9			2		7		

如盘面5-4所示。不过很遗憾的是，数字2好像无法继续再找到别的有效结论了。因此，数字2我们就观察到这里。接下来是数字3。

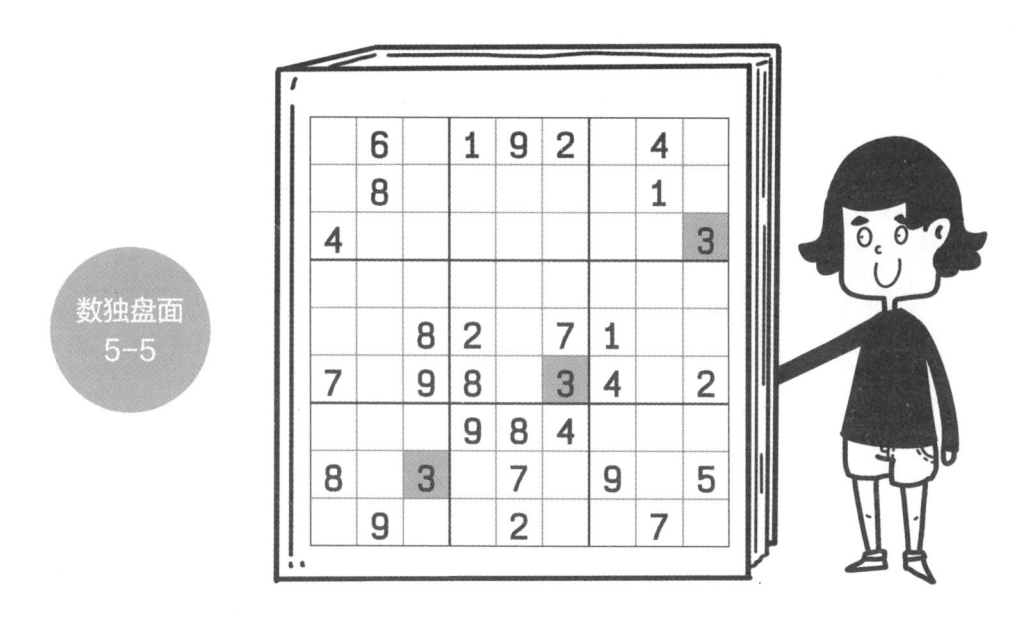

数独盘面 5-5

	6		1	9	2		4	
	8						1	
4								3
		8	2		7	1		
7		9	8	3	3	4		2
			9	8	4			
8		3		7		9		5
	9			2		7		

如盘面5-5所示，我们仍然按照刚才的步骤，把所有的数字3的信息给找出来。很明显，数字3并没有合适的宫排除结论，因此我们只能跳过数字3继续找

数字4的结论。

实际上，此题确实存在关于数字3的排除结论，不过它不是通过宫排除得到的，而是行列排除的结论，你可以试着去找一下。但是因为难度偏大，而且这里只对宫排除作描述，因此就不再说这个了。

另外，我们这里也想要模拟和造成一个环境，让读者作为玩家一样身临其境，一步一步地解开数独题；与此同时，讲解的过程也故意模拟做题过程，而留了一些忘记或者漏找的地方，比如这个3的行列排除。

我们继续找出所有数字4的位置。

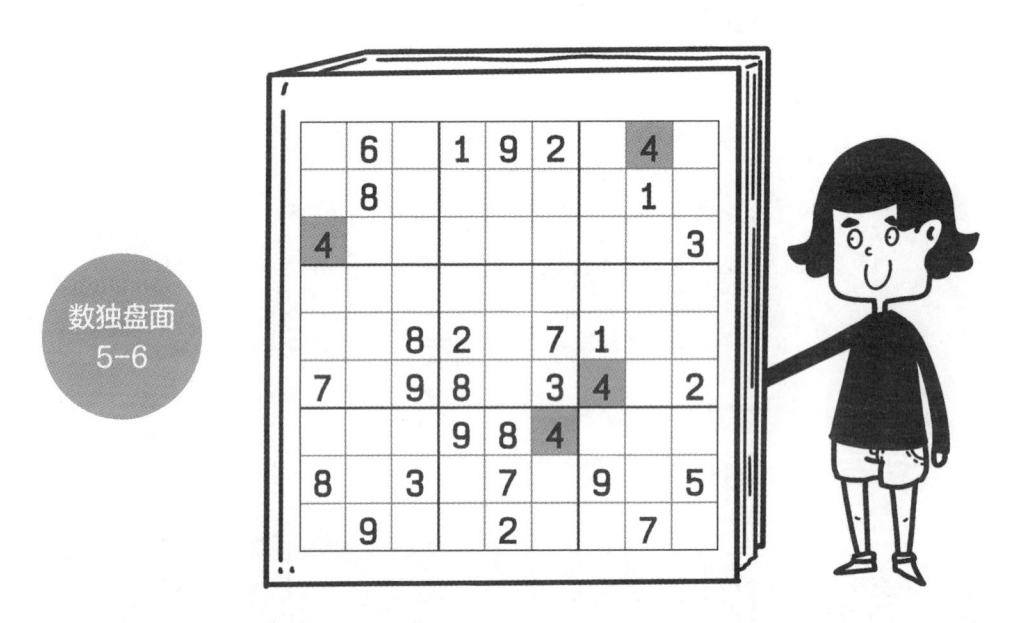

数独盘面 5-6

	6		1	9	2		4	
	8						1	
4								3
			8	2		7	1	
7		9	8		3	4		2
			9	8	4			
8		3		7		9		5
	9			2			7	

如盘面5-6所示。很高兴的是，数字4的信息比1、2、3都要多，因为它有4个。我们去找一些叠加效果较多的地方（比如第9个宫）就可以发现，第9个宫确实可以得到4的宫排除结论，即r9=4，而过程就不多说了。

得到r9=4后，因为它是一定正确的结论，因此我们可以直接拿来当下一步的推理过程的信息点使用起来。

第5讲 排除法的观察

数独盘面 5-7

如盘面5-7所示。我们利用上刚才的I9=4的结论就可以轻松得到第7个宫此时也具有了4的宫排除结论：H2=4。通过这样的过程，我们可以完成这个题目所有4的填数，如盘面5-8所示。

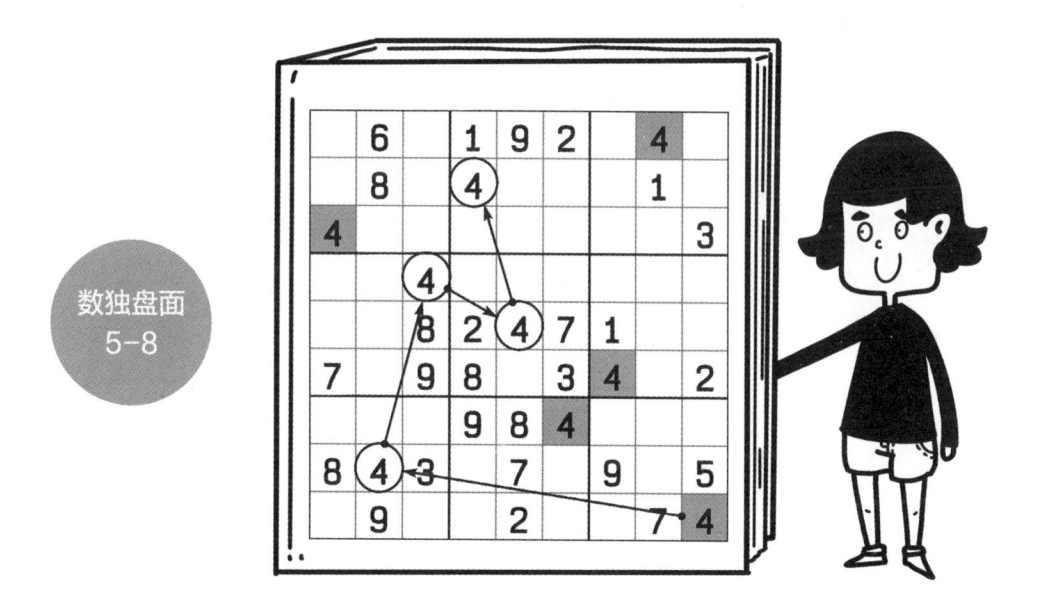

数独盘面 5-8

即按照盘面5-8上箭头的顺序，我们依次可以得到每一个圈起来的结论。

至此，数字4的填数宣告结束。

数字5、6、7、8、9的推理和此处1、2、3、4的找法完全一样，因此就不再重复了。如果数字9也找完了，就再回到1开始重新寻找即可。这便是一种比较建议的顺次寻找宫排除的办法。

第2节　行列排除

行列排除的观察非常不好说清楚，因为它本身的形状就导致了它先天性观察难度就比宫排除要难一些。不过，它也只是观察难一些，推理思路并不困难，因此不要怕它。

行列排除最麻烦的是它本身的形状。正是因为这一点，我们可能就没有办法简单地模仿宫排除那样去找了。

数独盘面 5-9

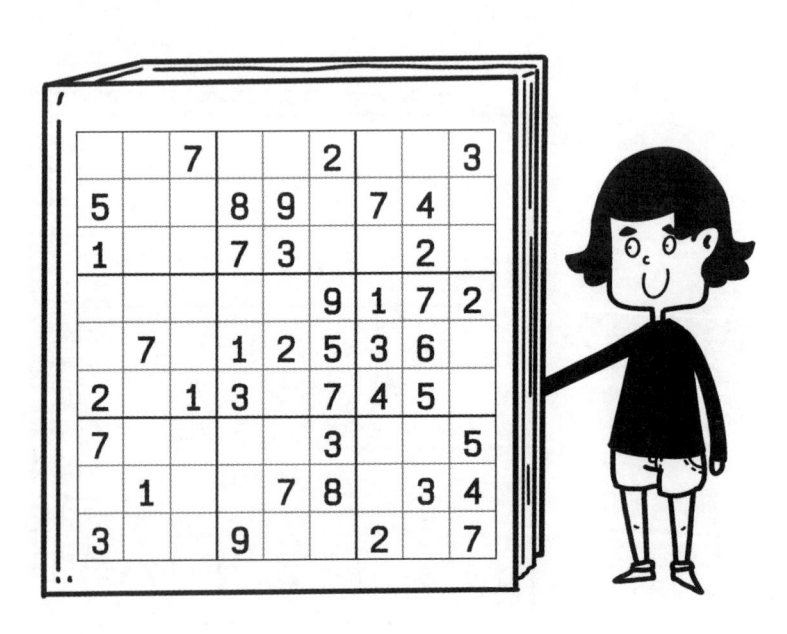

	7			2				3
5			8	9		7	4	
1				7	3		2	
						9	1	7	2
	7		1	2	5	3	6	
2		1	3			7	4	5
7						3		5
	1			7	8		3	4
3			9			2		7

第 5 讲 排除法的观察

题目代码

..7..2..35..89.+74.1..7+3..+2......91+72.7.1+25+36.2.13.+7+4+5.+7....3..5.1..78.+343..9..2.+7

如盘面5-9所示，此题通过宫排除可以一直做到这里。接着，我们再也无法找到任何的宫排除。此时我们仍按照数字1~9的次序挨个寻找行列排除。首先来看数字1。

我们找出所有的数字1的位置。

数独盘面 5-10

		7			2			3
5			8	9		7	4	
1				7	3		2	
						9	1	7	2
	7		1	2	5	3	6	
2		1	3			7	4	5
7					3			5
		1			7	8	3	4
3			9			2		7

如盘面5-10所示。可以发现，这样分布的1其实更容易找到行列排除。为什么呢？因为1的位置恰好都在"一侧"。所谓的"一侧"指的是，假设我有一个列排除，位于第8列（或是第9列）的话，由于数字1的分布均位于第1、2、4、5、7或第8个宫的关系，它们的信息就可以叠加到第8、9列上，影响到这些列上的空格，直到得到列排除的结论。很明显，题目基本上满足这样的分布要求，所以很有可能1存在列排除的结论。

标准数独入门：原来数独这么简单

如果仍然观察不到结论的话，我们可以尝试简单地绘制一些线条，像是这样：

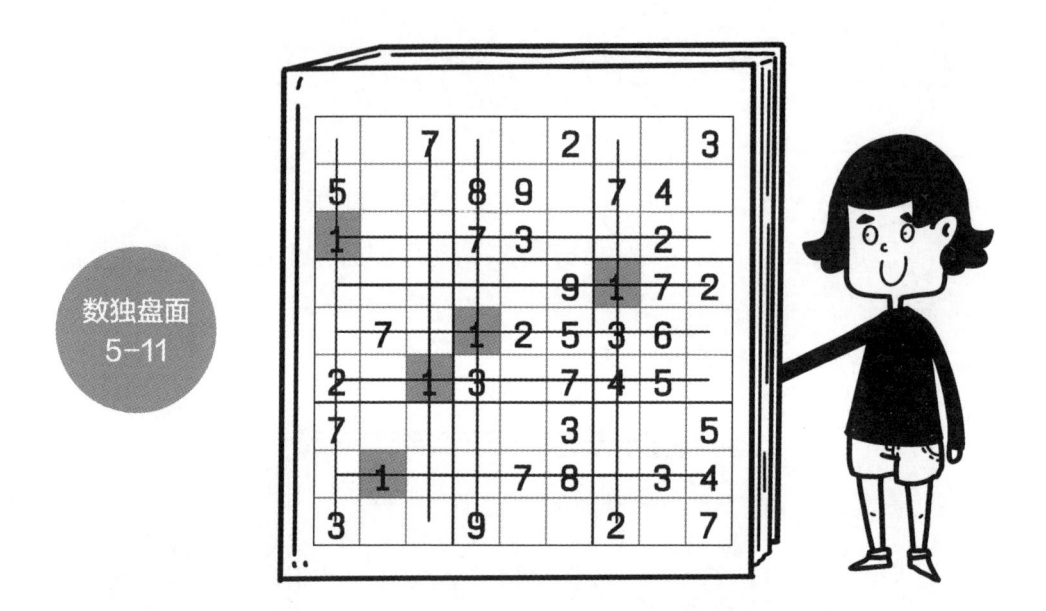

数独盘面 5-11

如盘面5-11所示，你在做题的时候可以使用手指轻轻地在盘面上画线，按照这样的形式，表示"这行和这列无法再次填入1"。

仔细按照第1行到第9行、第1列到第9列的顺序依次观察线条无法覆盖的位置可以发现，第9列只剩下一个空格没有被线条覆盖到。线条覆盖到的位置表示"不能填入1"，那么反过来看的话，能填入1的地方也就是这些线条没有覆盖到的地方。刚好第9列只剩下一个空格，因此它就应当是唯一一处填入1的地方，因此，B9=1是列排除的结论。

与此同时，正是因为你发现了B9=1，第2个宫就可以填入1了，于是我们可以顺次把所有1都填完，如盘面5-12所示。

第 5 讲 排除法的观察

数独盘面 5-12

实际上，宫排除也可以使用这个方式来找，不过宫排除没有那么费劲，不必画线也可以找到，因此宫排除直接使用宫排除的方式来找即可。

同理，别的数字找的办法也都一致，因此就不再重复说明了。

第3节 练习题

请完成如下的练习题。

数独盘面 5-13

	9	4	7	5				3
	8			2			9	
					4			
3								
	2	5				7	3	
								8
		8						
	1			9			6	
7			2	8	6	5		4

题目代码

1.9475..3.8..2..9......4.3.........25...73........8..8......1..9..6.7..2865.4

答案：

1	9	4	7	5	2	8	6	3
5	8	7	3	2	1	4	9	6
2	3	6	9	8	4	1	5	7
3	7	1	6	4	9	2	8	5
8	2	5	1	6	7	3	4	9
9	4	6	5	3	8	7	1	2
6	5	8	4	1	3	9	2	7
4	1	2	8	9	5	6	7	3
7	6	3	2	8	6	5	1	4

第 5 讲 排除法的观察

数独盘面 5-14

		3	1					
			9	2				
				6	7			
							9	3
8								5
7	6							
		3	9					
			8	6				
				4	7			

题目代码

....31........92.......67.......938.......576........39.......8
6........47....

答案：

2	1	5	4	7	3	9	8	6
4	7	8	6	9	5	3	1	2
6	3	9	1	2	8	5	4	7
7	9	6	3	5	4	1	2	8
8	2	3	7	1	9	4	6	5
1	5	4	2	8	6	7	9	3
3	8	1	5	4	2	6	7	9
5	4	7	8	6	9	2	3	1
9	6	2	7	3	1	8	5	4

第6讲
唯一余数

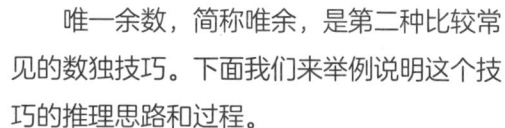

唯一余数，简称唯余，是第二种比较常见的数独技巧。下面我们来举例说明这个技巧的推理思路和过程。

第 1 节　冗余项很多的唯一余数

数独盘面 6-1

题目代码
.+5+1..+9.+3.39.2...1+5.+4751+3.9.4+7+58923+6+1+1+28...5+7+9+9+63157..2.1+2.489+5+3+58...1.26.+3..+2+5+1..

第6讲 唯一余数

如盘面6-1所示，请仔细观察B3。注意，这次我们只看B3。请问，B3能够填的数字有哪些？我们可以简单罗列一下情况：

◎数字1不行。因为第3列上已经有1了（在A3）；

◎数字2不行。因为第2行上已经有2了（在B4）；

◎数字3不行。因为第2行上已经有3了（在B1）；

◎数字4不行。因为第1个宫里已经有4了（在C2）；

◎数字5不行。因为第1个宫里已经有5了（在A2）；

◎数字6似乎可以，因为所在的行、列、宫都不存在数字6；

◎数字7不行。因为第3列上已经有7了（在C3）；

◎数字8不行。因为第3列上已经有8了（在E3）；

◎数字9不行。因为第2行上已经有9了（在B2）。

经过1~9顺序列举之后，我们发现，似乎只有数字6可以放进这个格子里，别的数字都无法填进去。因此，既然只有一个数字可以填，那这个格子就应该是它了，否则这个格子无法填入任何数字，这显然是不可能的。

所以，这个题目的结论是B3=6。可以看到，B3=6的结论是利用单元格作为"锚点"来列举情况的。在之前我们学行排除、列排除或是宫排除的时候，我们都是考虑一整个区域的9个格子，而这次我们只看一个单元格，下结论也只跟这一个单元格有关；而相反地，别的数字的排除过程是行、列、宫三个方向都有。这和之前的排除有所不同，找起来也更加有难度。

另外，仔细观察这个题目，数字1、2、3是有冗余信息的。举个例子，数字1不行可以说是由于第3行的A3是1导致的，但我也可以说是第2行的B8是1导致的。它俩得出的结论没有任何的区别。虽然题目的答案只有一个，但我们可以从多个方式发现同一个结论，这便是数独的一大特性。另外，C3的数字7也不一定非得看成第3列排除的效果，也可以认为是第1个宫里的排除效果。因此，这些效果也都是多样化的，不必卡得那么死。

这种技巧叫作唯一余数，因为它单看一个单元格，里面仅剩下唯一一种数字的可能。所谓的"唯一"就是单元格里唯一的填数可能，而"余数"则指的是剩下的数字，也就是这个数字6是剩下的。由于余数仅剩一个，因此技巧也就直接称为唯一余数了。

第 2 节　勉强能凑出一组的唯余

数独盘面 6-2

题目代码
....15.....54+6..8.9...3...6...+1+93+64881+4+57+6+39263+92+8+4...7..2...5.2..+581.....64....

第 6 讲　唯一余数

如盘面6-2所示，这个题巧妙的地方就在于，它使用的信息没有任何的冗余，每一个数字都恰到好处。

我们注意B2单元格。此时它仅能填入数字7，而别的数字均无任何的可能性填入到B2里去：
◎数字1不行，因为同列上的E2是1；
◎数字2不行，因为同列上的H2是2；
◎数字3不行，因为同列上的F2是3；
◎数字4不行，因为同行上的B4是4；
◎数字5不行，因为同宫（或者同行）上的B3是5；
◎数字6不行，因为同行上的B5是6；
◎数字7可以，因为同行、列、宫均没有数字7；
◎数字8不行，因为同行上的B8是8；
◎数字9不行，因为同宫里的C1是9。

看了数字1~9发现仅有数字7才可以填入到B2里，因此，B2=7是这个题目的结论。

第3节　*理论：显性唯一是同区域下的唯余

前文我们说到过一个叫作显性唯一的技巧。显性唯一是通过同一个区域上仅剩唯一一个空格的形式，来直接得到结论的技巧。那么，这种推理模式，不就和唯一余数不是差不多的吗？

是的，唯余和显性唯一的区别在于，显性唯一只会用到同一个区域上的信息来下结论，而唯余，则会从行、列、宫三种元素至少其中两种里混合使用信息来对某个格子下结论。这是它们的唯一区别，也是它们的本质区别。而区分它们的意义在于，能够更快、更方便地观察到容易的结论，显性唯一显然比唯余更容易看，就算显性唯一和唯余是包含关系，我们也可以单独把这种"特例"分出来单独成为一个技巧，我们学习的负担就会比较轻一些，与此同时，找起来的话，可以养成一个先易后难的做题习惯，这样很严谨，也不会出错。

第 7 讲
唯一余数的观察

是的,唯一余数的难点在于它的观察。推理思维非常简单,从 1~9 数一下,看一下是不是只有一个数字可以填,但在观察层面,它相当令人抓狂。我们这里将会讨论一种较为简单、方便的唯余观察方式。

标准数独入门：原来数独这么简单

第 1 节　双区域的唯一余数模型

数独盘面
7-1

4	7	9	5	8	6	3	2	1
1	5	6		2	3	8		4
		2	1	4		5		6
7		1		6		2	3	5
6	9	4	3	5	2	1	8	7
		5	²³⁸	7	1	4	6	9
		7		3	5	9	1	8
9		8		1		7	5	3
5	1	3		9		6	4	2

题目代码

479+5+8+632+1+15+6.+2+3+8.+4..21+4.+5.+67.1.6.+2
+3+5+69+4352+18+7..+5.7+14+69..+7.+359+1+8+9.+8
.+1.+75+3+513.+9.642

先来看这一则例子。请注意第6行，第6行仅剩下三个空格，那么它们缺少的数字就应该是剩下这三个格子里应该填的数字。换句话说，这一行缺少数字是a、b和c的话，那么这三个空格里的填数就应当在a、b和c里选。

注意此时的F4单元格。由于第6行缺少的三个数字是2、3、8，因此F4应该填入2、3、8的其一。

第 7 讲 唯一余数的观察

我们把视角转换到第5个宫。第5个宫里已经出现了2和3,这意味着F4不能填2或3了,因为F4也在第5个宫里。

由于2、3、8中的2和3不能填了,所以只剩8了。因此,F4=8是这个题目的结论,如盘面7-2所示。

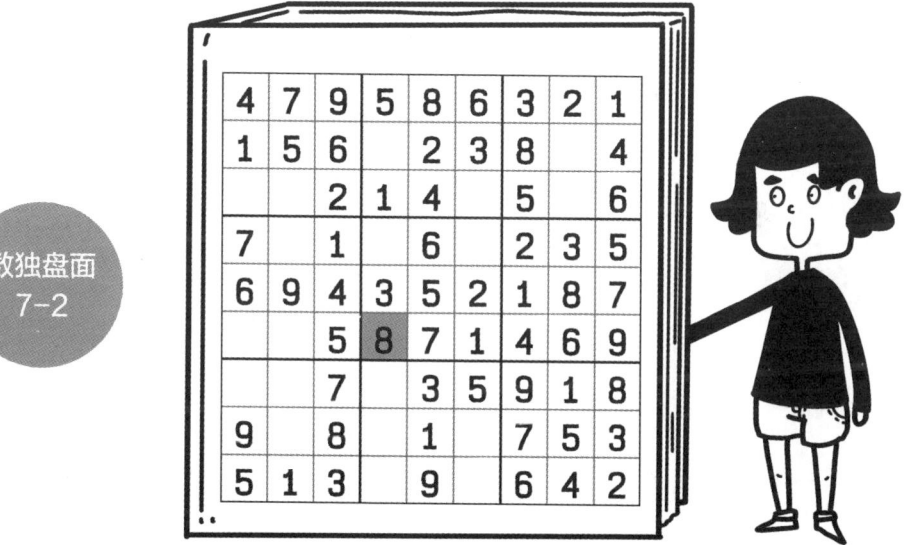

数独盘面 7-2

4	7	9	5	8	6	3	2	1
1	5	6		2	3	8		4
			2	1	4		5	
								6
7		1		6		2	3	5
6	9	4	3	5	2	1	8	7
		5	8	7	1	4	6	9
		7		3	5	9	1	8
9		8		1		7	5	3
5	1	3		9		6	4	2

找到F4处的唯一余数我们使用了若干个步骤:

1.先观察同一行、列、宫,确定空格应该填入哪些数字;

2.再观察空格所处的行、列、宫的别处单元格,看看是否可以排除掉其中的某些数字;

3.如果排除得仅剩唯一一个数字了,那么这个数就是这个格子的填数。

这个思维适用于前文这种唯一余数仅用于两个区域的情况,如果三个区域都要用唯一余数,就不一定行得通了。

标准数独入门：原来数独这么简单

第2节 三区域的唯一余数模型

数独盘面 7-3

4		5	②	9		3		
6	9	7		3	4			
		3				4	9	
3		4			2	1	6	5
			3		1			
9	①	5			3			
8	4	3					2	
				2		8	4	3
			4	8	3	6		

题目代码

+4.5.29.+3.6+97.+3+4....3....49.+3.4.2+165...3.1...91.5..3..+843....2....+2.8+43...48+36..

我们使用相似的步骤，来看这个题目。

首先我们发现，第1个宫只缺1、2、8，因此三个空格一定填入的是1、2、8。接着，我们发现，A2所在行和所在列上分别有一个2和1，因此我们可以立刻得到A2≠1、2。于是，就可以推理出A2=8了。

054

第3节　为什么前文的例子是唯一余数呢

你可以仔细思考一下，为什么前文介绍的两个观察视角，它是针对于唯一余数的呢？因为，它们可以这么去转换一下：

数独盘面 7-4

4	7	9	5	8	6	3	2	1
1	5	6		2	3	8		4
		2	1	4		5		6
7		1		6		2	3	5
6	9	4	③	5	②	1	8	7
		⑤	⑧	7	1	④	⑥	⑨
		7		3	5	9	1	8
	9	8		1		7	5	3
5	1	3		9		6	4	2

这是第一题。

数独盘面 7-5

④	8	⑤		②	9		3	
⑥	⑨	⑦		3	4			
		③				4	9	
3		4			2	1	6	5
				3	1			
9	①		5			3		
8	4	3					2	
				2		8	4	3
			4	8	3	6		

055

而这是第二题。

仔细观察一下就会发现，它其实就是唯一余数的一种数字选取的方式。

第4节　观察唯一余数时的注意事项

唯一余数观察起来确实很不容易，不过我们还有两个小技巧可以帮助你更快确定观察的位置。

第一，唯一余数选取的数字最少得有8个。

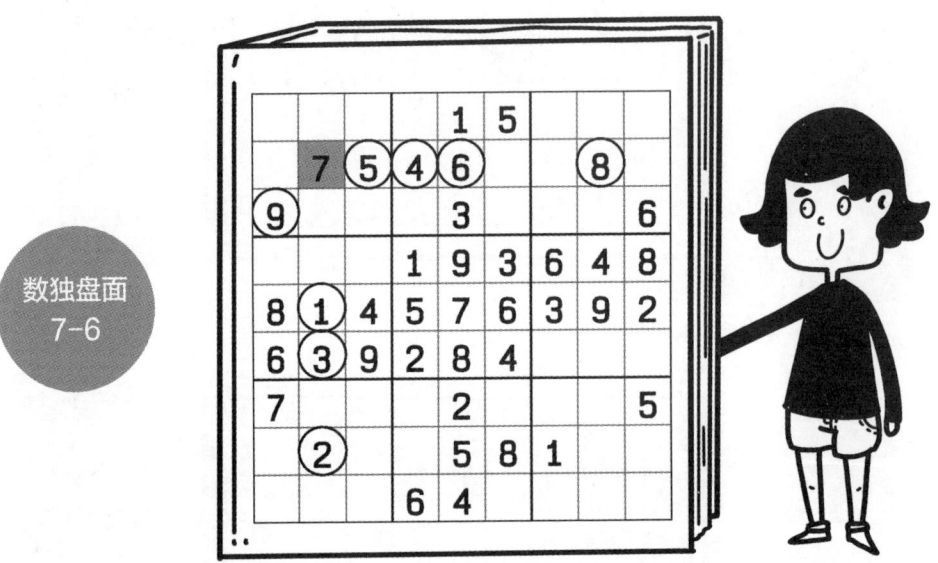

数独盘面 7-6

如盘面7-6所示，你可以试试数一下B2排除的数字，一共是8个。我想告诉你的是，1~9一共是九种不同的数字，要想获取一个唯一余数的结论，必须要求排除其中的八种数字，然后才可以确定剩下的唯一一个数字是结论。因此，要想找到一个唯一余数的结论，就必须得有8个不同的数字的结论，这也意味着，你看到的一个单元格，所在行、列、宫至少都得8个数字才行。

第 7 讲　唯一余数的观察

数独盘面 7-7

						7	4	5
							6	
			9	1	3	8		
7	3			9				6
1								4
4				3			9	2
		9	8	6	4			
	6							
5		4	2					

题目代码

......74.5.......6....9138..73..9...61.......44...3..92..9864....6......5.42......

　　如盘面7-7所示，C3这个空格所在的行、列、宫一共才6个数，那么这个格子显然不会出唯一余数，因为数字根本不够出。

　　第二，注意所在行、列、宫内空格较少的地方。为了可以快速确定唯一余数，我们前文用到的"找区域"的过程都用的是大概只剩下三个空格的区域，因为这样的区域能够更快，更方便地确定空格的最终填数有哪些。

　　如果空格很多的话，那么就意味着未填入的数字也很多，即使你能够快速确定这些数字，但也不一定能够容易地找到结论。

　　最后，我推荐一个练习网站：http://www.sudokufans.org.cn/finder.php。这个网站专门用于练习唯一余数的数数操作，它会给你一个区域下的其中八个数字。你需要做的只有找出1~9里唯独没有出现的数字。它的题目是无

057

标准数独入门：原来数独这么简单

尽的，也就是说你随时都可以停止练习，并且这个网站的上方会给出你的做题数据。如下图所示。

比如这个题目里，最下面缺数的格子应该是5。你就只需要点击屏幕右侧的数字5就可以了。不管正确与否，它都会跳转到下一题，并且记录下你的正确情况。

"正确[2]"表示对两题，"错误[0]"表示错误0个题目；"总数[2]"表示做了两道题，"正确率[100%]"表示当前正确率是100%，"平均[1.686]"表示每一题的平均耗时为1.686秒。

一般来说，我们练习到平均时间在1.2秒，唯一余数的观察能力就会比较强了。一般数独比赛的参赛选手的唯余反应时间都在1秒内。

第 5 节　练习题

请完成下面这个题目。

数独盘面 7-8

	5	2			3			
9					6		5	8
				1				
2	4							1
		8		6		2		
7						3	4	
				7				
1	8		9					2
			1			3	6	

题目代码

.52..3...9....6.58....1....24......1..8.6.2..7.....34....7....18.9....2...1..36.

标准数独入门：原来数独这么简单

下面这个题目是多解的。请找到这个题目唯一的一处唯一余数结论。

数独盘面
7-9

1	8		7	5			4	
					9			
								6
6					2			
				4				2
		3						
		9						
	7			6	5		2	9

题目代码

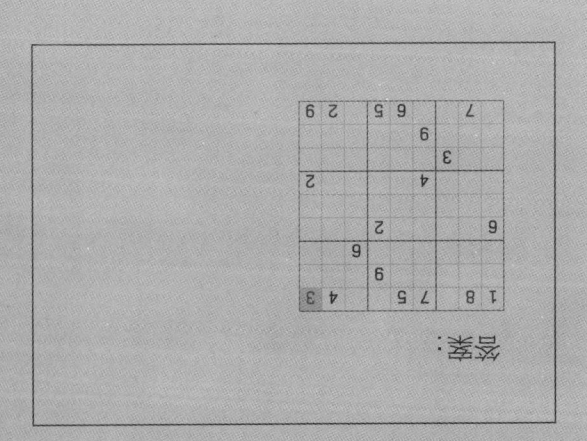

18.75..4......9........6.6..2.............4...2.3........9.......7..65.29

答案：

2	9		6	5			7	
					9			
						3		
2					4			
				2				6
				6				
		9						
1	8		7	5	4		3	

第8讲
区　块

接下来我们来看新的技巧：区块。区块和前文介绍的排除、唯一余数不同，它自身不能得到出数结论，而必须借助排除和唯一余数作为辅助才能得到结论。

标准数独入门：原来数独这么简单

第1节　宫区块 + 宫排除

数独盘面 8-1

题目代码

.....+812..8...4+537....53.+89...4..79.+9+43.7.8..+725.+89.+4.1..84+2+9+7.27.5+9..1..94..+7+2..

如盘面8-1所示，请仔细观察第8个宫。数字3在第8个宫里，能够填的地方只有l45两个单元格。不论l4=3还是l5=3，它们都在第9行上，这意味着第9行任何一个不是l45的单元格都不可能填3。比如说，如果我们让l1=3，那么"l45里必须有一个填入3"这个说法就不可能成立了，而这是我们上一步得到的、必须满足的条件。同理，l8和l9也不能填入了。

第8讲 区 块

既然第9行的其余单元格都不能填入3，那么我们再次观察第7个宫就可以发现，显然I1≠3，而由于第3列已经有3了，此时第7个宫里的GH3也都不能填入3❶。因此，第7个宫只剩下G2可以填入3这唯一的一种情况了。因此，G2=3是这个题目的结论。

我们把这个题目用到的手段叫作区块技巧。为什么叫区块技巧呢？因为这里我们用到了I45这样的结构。I45里填3的情况是我们无法继续推导下去的，而我们只知道"里面必须有一个3"的模糊结论，仅此而已。于是我们就把这样的两个单元格当作整体看待，所以它被称为"区块"。所谓"区"指的就是若干单元格的集合，而"块"指的是一个整体。这个题目用到的是宫区块，因为区块结论（I45里有一个单元格是3）是出现在第8个宫里的。

---

❶ 这里"GH3都不能填入3"可以简写为"GH3 ≠ 3"或"G3、H3 ≠ 3"，但"GH3里有一个格子填入3"则不能简写为"GH3=3"。这是因为GH3的意思是"G3和H3"或是"G3跟H3"。虽然没有刻意强调，但它暗含了一个"而且"的关系。按照这个说法，"GH3=3"只能被解释为"G3和H3填入3"，但很显然G3和H3同行，根本不可能都填入3，因此这种说法是错误的。正是因为这类简记规则在遇到复杂情况时不太容易说明清楚，所以本书并不使用这种简记，而是仍然使用汉字表达。在本书的末尾，我们会给出这类型简记的详细规则，作为你扩展阅读的内容。

标准数独入门：原来数独这么简单

第2节　宫区块＋列排除

数独盘面 8-2

题目代码

3.+9.45..6..+56...93..1.+39..+5.7.1+2+3.+59.+92+5+6.3..5+1+3+9.4.6+2...3+9.5..95.+4.2+6+3.1+3+475+6+9+28

　　如盘面8-2所示，观察第2个宫，我们可以发现，第2个宫里只剩下B56两个单元格可以填入数字1。这两个格子恰好位于同一行，所以第2行其余的单元格也都不能放1。

　　再次观察第7列，有5个空格，但其中的C7、D7和F7都不能填入1，因为它们各自所在行上都已经出现了1。而B7也不能填入1，因为B56里必然会有一个1。因此1只能填在A7，即A7=1。

第3节 宫区块+唯一余数

数独盘面 8-3

题目代码
...1..89+4.+1..6.+523.4...51+6+778+1+24+6...2.+9...+4+86+4...9.+712..36...4.69..8..+7..74.2+6..

如盘面8-3所示,这次我们观察第7个宫,我们可以发现,第7个宫可以填入8的位置只有G1和I1两个单元格。而它们恰好同一列,这意味着同一列的别处就不可再次填入1了。

那么我们此时把视角转换到B1。请注意B1的所在行、列、宫,从1~7的每一个数字都出现了;而B1≠8的原因是GI1有一个单元格是8。因此,B1只能填入9,即B1=9。

标准数独入门：原来数独这么简单

第4节 列区块＋行排除

数独盘面 8-4

题目代码

+42+7+3+15+6+89.+53..2+4+7+16.+1.7.5+2+35.4+7+3.8+92.3+2+5..+74+67.9.+2.1+35..8.5+3+2+67+2.+61..3+5.3.+52..+91.

如盘面8-4所示，本题稍微难观察一些。

先看第5列。第5列只剩下HI5可以填入4，而E5和B5所在行也都有4的出现，因此只剩下HI5可以填入4。此时发现，由于HI5处于同一宫，所以HI5的别处都不可能有机会填入4。此时，观察第7行就可以发现，第7行只剩下三个空格，而G1不能填入4，因为同列上有4了；而G4也不能填入4，因为同一个宫里已经断言HI5必有一个填入4。所以，只有G2可以填入4，即G2=4。

第 8 讲 区 块

另外，这个题目用到了关于4的区块结构，而它是产生自第5列的，因此我们称其为列区块。

第 5 节　列区块 + 唯一余数

数独盘面 8-5

题目代码

5..68...+1+67+8+95+1+2+34+19.4.75+6+84..+7..81...7.6
...........6+72.51.+68+98....9+1+579+51+8+7+642+3

如盘面8-5所示，仔细观察第1列，由于第1列只剩下两个空格，因此剩余的两个格子一定是填入缺少的两种数字2和3，我们可以通过这一点快速得到

067

EF1组成一个关于3的区块结构的中间结论。

　　接着，请注意D2单元格。D2可以填入的数字只有6了，因为所在的行、列、宫出现了1、2、4、5、7、8、9这些数字，而D2是和EF1同一宫的，我们已经得到了EF1必须有一个是3的结论，D2也就没有任何机会可以填入3了，所以，D2只剩下6可以填，因此，D2=6是这个题目的结论。

　　这个题目用到了区块+唯一余数的组合技巧。

第 9 讲
区块的观察

区块的逻辑和推理过程刚才已经讲过了,下面我们来说一些关于发现和寻找区块的办法。

标准数独入门：原来数独这么简单

第1节 区块的基本观察过程

我们要明确一点的是，区块和排除属于同一个系列的技巧类型，因此它们的找法是一样的；换句话说，你完全可以使用排除的办法去找一个区块。当然，我这里说的区块，指的是区块结构，而不是区块技巧。

我们来举个例子。

数独盘面 9-1

题目代码
9+26.+45.+1335+4..+1....7.....4.293.+17.56+4.+5..91..7...5...2..+7.8......21......4+9.7..6.

如盘面9-1所示，我们观察数字8，可以发现，第1个宫里有一个非常显眼

070

第9讲 区块的观察

的区块——C13。它们是第1个宫里唯二的空格，且刚好在同一行上，因此自然形成了一个关于8的区块结构。在解数独题时，这样子的区块结构是相当明显的，可以优先考虑这些地方。当然，出不出结论是另一回事。

接着，我们这个题目配合了一个列排除，但列排除不好观察。没有关系，仔细看看这个题就可以发现，F6=8，只需要额外补充一个排除效果就可以了：因为G5是8，所以所在的宫的别处都无法再填入8，所以GHI6也都不能是数字8[1]。

另外，如果你实在在推导的过程里无法看到后续的结论（毕竟区块不能单独使用，必须配合排除或唯一余数技巧才能得到结论），我们可以在做题期间使用小数字标记的方式来表示一些位置的区块情况。

举个例子，比如这里C13里有一个是8，那么我们可以在C13的顶部标记上数字8（稍微写小一点）来表示它是一个区块。这么做的好处是防止你后续做题的时候忘记这个中间结论。

---

[1] 结论"GHI6 也都不能是数字 8"可以简写为 GHI6 ≠ 8。

第 2 节 练习题

数独盘面 9-2

4	7		5		8		1	
5								6
		3		4		9		5
7		4					2	3
				6		7		
1	5					7	9	
	6		9		4	3		
9								7
3		5		6		9		4

题目代码

4.7.5.8.15......6.3.4.9.5.74.....23...6.7...15.....79.6.
9.4.3.9.......73.5.6.9.4

第 9 讲　区块的观察

数独盘面
9-3

题目代码

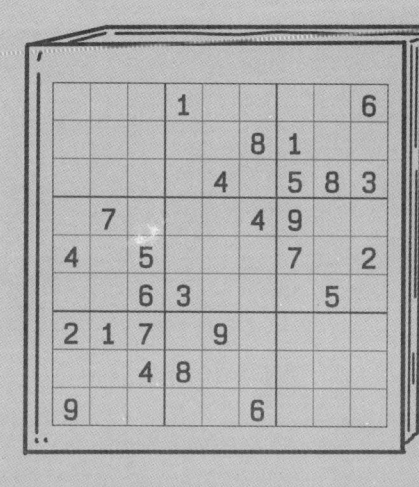

...1....6.....81......4.583.7...49..4.5...7.2.63...5.217.9......48.....9....6...

第10讲
显性数对

下面我们再来看一个基本技巧：显性数对。显性数对也是一种必须依赖于排除和唯一余数的数独技巧。

标准数独入门：原来数独这么简单

第1节　宫内显性数对＋排除

数独盘面 10-1

题目代码
9862.......4...8...5......2.6..37.....51..29.1..4...3......3.2.57....6........15.

　　如盘面10-1所示，请观察E56两个单元格。我们使用和唯一余数相同的判断方式，看看E5和E6分别都能填入什么数字。

　　仔细数数就可以发现，这两个单元格都只能填入6或8。巧妙就巧妙在，E56两个单元格的可填数字是完全一致的。思考一下，它们恰好同一行，这会得到什么结论呢？仔细看看，E9和E56两个单元格同行。且E5和E6不能填入相同的数字，只能是一个6一个8，又因为E9和E56同行，所以E9填入6或者8

076

第 10 讲　显性数对

都会直接导致E56无法填数。因此，E9既不能填入6也不能填入8❶。

再次观察第6个宫，通过宫排除就可以得到，6只能填入在F9，而E9≠6的原因就不必多说了吧，刚才已经得到了。因此，F9=6是这个题目的结论。

这个技巧叫显性数对。和区块类似，显性数对技巧是整个推理过程，而这里的E56的候选数6和8❷恰好两个格子填入两种数字，但又不知道具体哪个单元格是6，哪个单元格是8，只能模糊地确定大概情况。此时，我们就把E56称为"关于6和8的显性数对结构"，也经常简称为"6、8的显性数对"或者就直接记作"68显性数对"了。

第 2 节　宫内显性数对 + 唯一余数

数独盘面 10-2

---

❶　"E9 不能填入 6 也不能填入 8"可以简记为"E9 ≠ 68"或者"E9 ≠ 6、8"。
❷　"E56 的候选数 6 和 8"可以简记为"E56（68）"。

题目代码
6......8.2....7.94........15.98..79....5.2.....4..916..5.2......2..5..3961...

如盘面10-2所示，这次我们注意第9个宫。注意到第9个宫里，I79都只能填入4和7，它们又恰好同一宫，因此也称其为47显性数对结构。

4和7的确定使得I8不能填入4和7，因为这个格子填入4或者7都会使得I79无法正常填数。因此，I8不可填入4或者7。

我们再次观察I8。通过唯一余数来看I8的话，I8此时只能填入8了。其中数字1、2、3、5、6、9在所在的行、列、宫都已经出现，而4和7是刚才显性数对结构得到不能填入的中间结论，因此I8只能填入8，即I8=8。

第3节　不好找的宫内显性数对 + 唯一余数

数独盘面 10-3

第 10 讲 显性数对

题目代码

98...6+3+7537+6+85.1+4....7..+86.+56+934+7+2+18......
+5+3+772+3+5+8+1+49+6...2.57+8........+9+5......862.

如盘面10-3所示，这次和刚才不一样了，这次的观察稍微难一些。观察G3和I1两个单元格，可以发现这两个单元格恰好只能填入1和4。

根据刚才的逻辑，由于两个格子同一个宫，因此G3和I1只能一个是1另外一个是4，没有其他可能。那么与它俩同宫的G1既不能填入1，也不能填入4。此时，唯一余数就诞生了——G1只能填入6，即G1=6。

第 4 节　行内显性数对 + 唯一余数

数独盘面 10-4

标准数独入门：原来数独这么简单

题目代码
...+4+7........58...9...1+93..7....4+5.21..43+6+1..+8.5+1.+2 76.+41.7+2+34..5.4.+7+5+81..+5+836+194+7+2

如盘面10-4所示，再来看一则显性数对。这次两个格子离得更远了。

注意到第2行里的B36只能填入2和6，由于它们恰好同行，只能是一个格子填入2，另外一个格子填入6，因此B7不能是2或者6。

再次观察B7，通过唯一余数就可以得到，B7=3。

第 11 讲
显性数对的观察

下面我们来学习一下，如何观察一个显性数对。

标准数独入门：原来数独这么简单

第 1 节　用割补来观察的显性数对

对于显性数对，我们从观察角度入手将其分为两种类型：宫行/宫列显性数对和其他的显性数对。为什么分为这两种呢？接下来请听我慢慢讲解。

先来考虑一下这个题目。

数独盘面 11-1

	5		1	3	4	6		
	9		6	5	2	1	3	8
	3		8	7	9		4	
2	1	5			3			6
	8		2	6	1	3	5	
3	6			8	5	9	2	1
		4		2	7		1	3
	7	3			6			
	2		3			8	7	6

题目代码

.5.+1346...+9.+6+5+2+1+38.3.879..+4.+215..+3..6.+8.26+1+35.+3+6..+8+592+1.4..27.13.73..+6....+2.+3.87+6.

如盘面 11-1 所示。

我们拿到一个题的时候，如何观察一个显性数对呢？第一类显性数对是最

第 11 讲 显性数对的观察

好观察的。请观察这个题目的第3个宫和第3行。

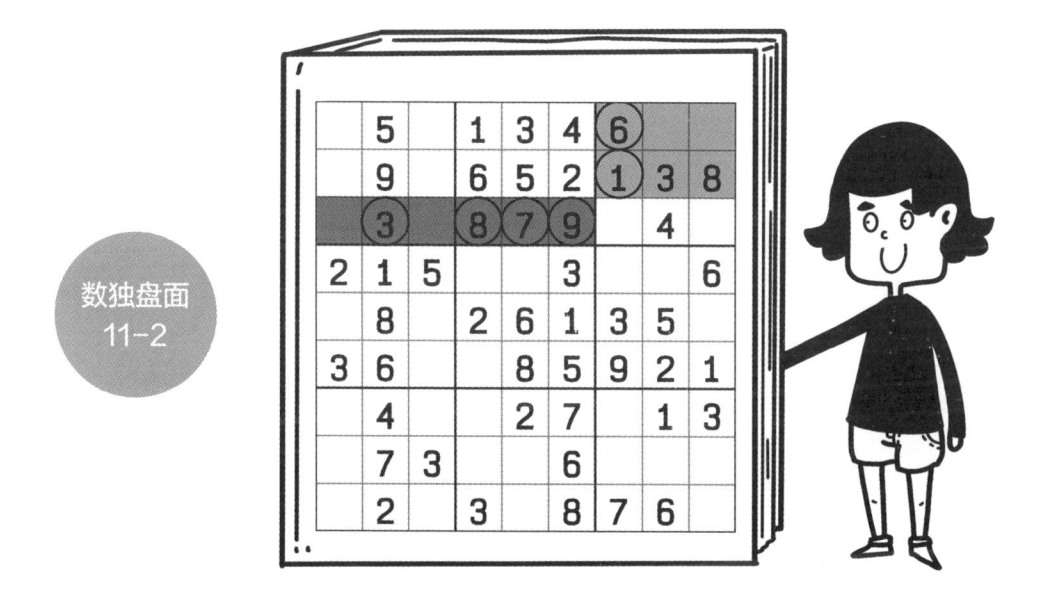

数独盘面
11-2

由于第3行和第3个宫两个区域共用C789三个单元格，因此我们可以简单地得到，C123456和AB789❶里面的6个单元格内的填数是完全一致的。因为第3行和第3个宫按照数独规则是必须1~9各一个的，抛开它们共用的C789（这一组在两个区域里也都是相同的数字），其余单元格必然是相同的填数。

接着，我们发现，C123456里已经有3、7、8、9四种数字，而在AB789里已经有了1和6，这两个数字是刚才C123456里没有出现的。这意味着什么呢？这意味着在C123456里空余的两个单元格，一定就是一个1和一个6了。

当然，这里你也可以直接观察到，1和6位于C13两个单元格，构成了一组显性数对。与此同时，A89也是一组显性数对，因为在C123456中出现而在AB789里没有出现的两个数字7和9必然要填在A89，因此A89是关于7和9的显性数对结构。

---

❶ AB789就是A789和B789的简写。注意A789和B789的789也一致，因此仍然可以继续简写。如果看到了类似这样的坐标表达的时候，请记得逐一进行组合得到完整的坐标序列。

标准数独入门：原来数独这么简单

那么最后，我们只剩下C79了。推理出了刚才的结果后，C79就只有2和5两种可能了，因此C79是关于2和5的显性数对。

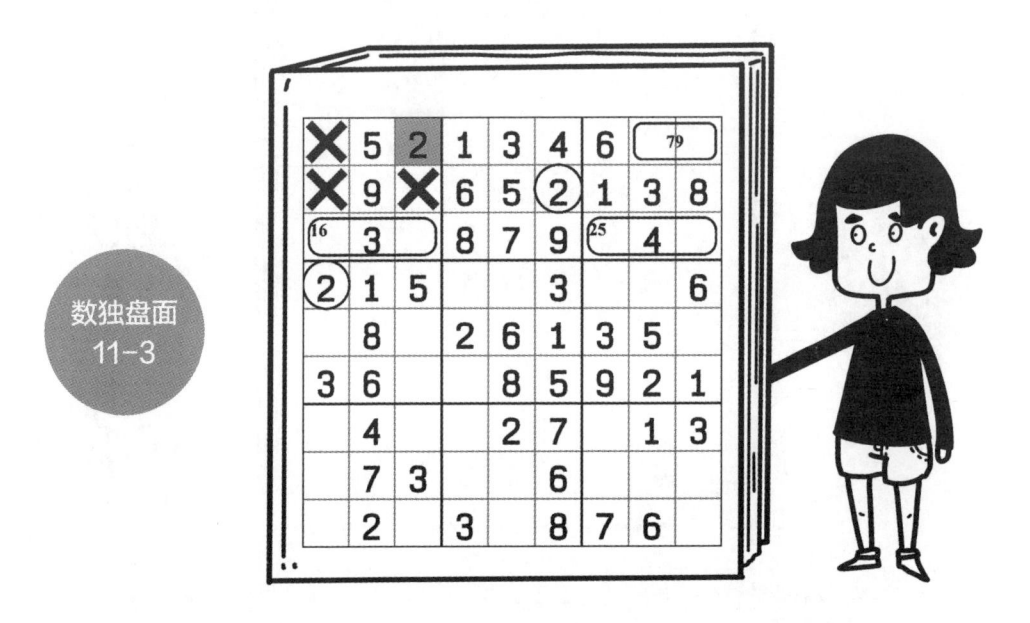

数独盘面 11-3

如盘面11-3所示，正是利用前文推导出的显性数对，我们可以得到A3=2的结论。

这次我们利用了一个小技巧：只要两个区域拥有"交集"（所谓的3个共用的单元格），我们就可以用割补来观察。这个题目用第3个宫和第3行得到了三个显性数对。希望你能够学习到这种割补的思想。

第2节 其他的显性数对

有些时候，割补无法解决问题，因此只能通过唯一余数的方式挨个进行确定填数。

第 11 讲 显性数对的观察

数独盘面 11-4

		2			7	5	6
6	2	3	8	5	7	1		
	7		1	6		8	3	2
7			5	1	8	2		
			6				7	
			7	4			1	
9	4	2	3	7	6	5	8	1
8	1	7	4	2	5			
			6	9	8	1	4	2	7

题目代码

...+2..+756623+8+57+1...7.1+6.8+3+2+7..518+2.....+6...7..
..+74..1.+942+3+765+8+1817+4+2+5.....69+8+1+42+7

如盘面11-4所示，这个题目用割补来观察就比较麻烦，因此就不建议这么观察了。

085

标准数独入门：原来数独这么简单

数独盘面
11-5

			2			7	5	6
6	2	3	8	5	7	1		
	7		1	6		8	3	2
7			5	1	8	2		
			6				7	
			7	4			1	
9	4	2	3	7	6	5	8	1
8	1	7	4	2	5			
			6	9	8	1	4	2	7

　　如盘面11-5所示，请注意第5列，第5列仅剩下两个空格，按照数独的规则，缺少的数字必然是这两个格子的填数，即，AE5都只能填入3或9。与此同时，第7列也仅剩三个空格了，缺少的数字是3、6和9，但第5行已经有6了，所以E7也仅可填入3或9。

　　此时，E57两个格子同行，而刚才的"迂回战术"得到了E5和E7都只能填入相同的两种数字3和9，因此第5行的别处都无法再次填入3和9了。这样，我们就得到了3和9的显性数对——E57。

　　那么同行的E6就可以得到唯一余数的结论了：E6=2。这种类型的显性数对需要通过迂回的方式来观察和寻找。

第 11 讲　显性数对的观察

第 3 节　练习题

请完成如下的练习题。

数独盘面 11-6

			5		6			
	4	3						7
		7		6	2	4		
	8			3	5			
	4		6		8		1	
			9	5			2	
		2	8	9		1		
4						5	9	
			3		4			

题目代码

....5.6....43....7...7.624..8...35...4.6.8.1...95...2..289.1...4....59....3.4....

标准数独入门：原来数独这么简单

数独盘面 11-7

4		6	2	3				
	7							5
		9	7		3			
	4	1		3	6		9	
	3		8	4		1	6	
	1			8	2			
5						1		
		6	9	1		8		4

题目代码

4.6.23....7......5..97...3..41.36.9..........3.84.16..1...82..5......1....91.8.4

第 12 讲
隐性数对

接下来我们来说另外一种数对形式：隐性数对。

标准数独入门：原来数独这么简单

第 1 节　宫内隐性数对 + 排除

数独盘面
12-1

题目代码

....+6........4273+6..67+3..4..94....+6+8....96+4..7+6.7.+5
.+9231......85.6..8.27+1..5.1..+9+4

　　如盘面12-1所示，请注意观察第1个宫。在这个宫里，能够填入4的位置仅剩下A12两个单元格；当观察数字7的时候我们发现，数字7在第1个宫里也仅剩下A12两个单元格可以填入。

　　既然4和7都只能放在A12两个单元格里，那么A12是不是应该也就只能填入4和7，而不能填入别的数字了呢？虽然我们可以数数看，发现A12其实还能

第 12 讲 隐性数对

填入别的数字，但因为4和7只能放在这两个格子里了，所以我们没有理由在这两个格子里填上别的数字，毕竟4和7的位置比较"紧缺"。

既然如此，我们让A12里一个格子填入4，而另外一个格子填入7。再次观察第1个宫就可以发现，此时A3只能填入3了，因为第1个宫里，可以放下数字3的位置此时仅剩下A3了，这一点通过宫排除就可以确定。

可以看到，这个"A12填入4和7"的结论类似于之前学习到的显性数对，但不同的地方在于，这里的A12里还能填别的数字。我们把这种类型的数对叫作隐性数对。

从名字就可以看得出来，显性数对的"显性"表示单元格里的填数是完全"暴露"给玩家的，玩家可以通过数数确定这些单元格的填数；而隐性数对的"隐性"暗示着这些单元格里的填数是无法立马确定的，因为它们里面还能填入别的数字。

第 2 节　不好观察的行上隐性数对 + 排除

数独盘面 12-2

标准数独入门：原来数独这么简单

题目代码
.35.81+7+2...8+7..4.+5.7.+5.....+7.4+1+9+8.+535+8+3+2+641+9+7...357.4.+3+4+78+1+5+962+6+519+7+2..+4+892...+57+1

如盘面12-2所示，请观察第3行，可以发现第3行的数字2和4只能填到C15里。那么，我们只能优先保证2和4填入，因此C15必须只能一个2、一个4。

再次观察第3行就可以发现，数字1只能填入C8了，因此通过行排除我们可以得到C8=1的结论，而别的单元格都无法填入数字1。

第 13 讲
隐性数对的观察

隐性数对的观察角度或许比较刁钻，所以有些时候确实不容易找到。不过我们可以参照刚才给出的两个例子，来完成对一个隐性数对的观察。

标准数独入门：原来数独这么简单

第 1 节　用排除来观察

数独盘面 13-1

题目代码
....+6.......4273+6..67+3..4..94....+6+8....96+4.+7+6.7.+5.+9231.....85.6..8.27+1..5.1..+9+4

　　如盘面 13-1 所示，A12 是关于 4 和 7 的隐性数对。可问题是怎么观察的呢？你发现了吗？我们这里用到了排除的基本思路。"第 1 个宫里，填入 4 的位置只有 A12 两处"明显就是指宫排除的基本思路嘛。
　　是的，如果我们连续发现两个数字，得到的同行、列、宫的填数位置均在相同的两个单元格上，那么我们就可以直接认为，这两个格子就是这两种数字

第 13 讲　隐性数对的观察

的隐性数对了。

前文我们已经介绍了所有关于排除、唯一余数、区块和数对这四个比较重要的数独技巧。下面我们来看一些拓展技巧，它们往往都较难，而且出现频率也不太高，因此可以当作选读内容，不过它们能够帮助你，让你进一步对前面的这些技巧有一个更深刻的认识。

第 2 节　练习题

数独盘面 13-2

		8						
		4					6	8
	3		7		2		9	
					9			
		5				1	8	3
	1	6				5		
	8		3	7	5			
9								
	7					2		

题目代码

...8.......4..68.3.7.2.9.....9....5..183.16...5...8.375...9........7.....2.

第 13 讲　隐性数对的观察

数独盘面 13-3

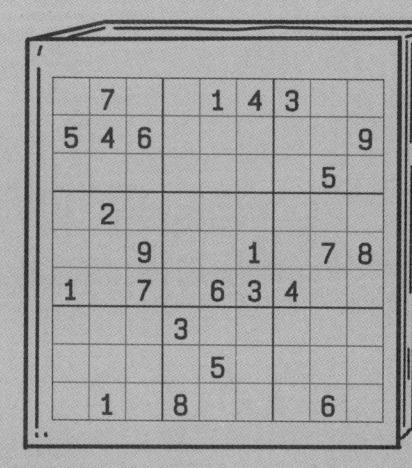

	7			1	4	3		
5	4	6						9
							5	
	2							
		9			1		7	8
1		7		6	3	4		
			3					
				5				
	1		8				6	

题目代码

.7..143..546.....9.......5.2.........9..1.781.7.634.....3.......5.....1.8...6.

标准数独入门：原来数独这么简单

数独盘面 13-4

题目代码

1..5.468.9.........6....146.9.71..2..59.8....8725...1.....
........8..7......9.3

前文我们已经介绍了排除、唯一余数、区块和数对这四个比较重要的数独技巧。下面我们来看一些拓展技巧，它们往往都较难，而且使用频率也不太高，因此可以当作选读内容，不过它们能够帮助你，让你对前面的这些技巧有一个更深刻的认识。

第14讲
显性三数组和显性四数组

之前我们学了数对，包括显性数对和隐性数对。但是显性数对学得估计也"不够尽兴"，所以我们这里为大家介绍一下它的拓展：三数组和四数组。

第1节 显性三数组（1）

数独盘面 14-1

题目代码
....4.3...8...1429..15......76....8....2....9.5..7...8......3........9.1.863.

如盘面14-1所示，请仔细观察1和5，第3个宫仅可以让它们放在A89两个单元格。因此，第3个宫里还没有出现的6、7、8只能放在C789三个单元格里。

仔细思考一下。6、7、8是三种不同的数字，而C789是三个不同的单元格。因为我们现在仅剩下这三个格子可以填入6、7、8了，那么是不是就意味着，C789里其中一个单元格填入6、一个格子填入7，然后剩下的格子填入8呢？

第14讲 显性三数组和显性四数组

是的，我们确实可以得到这个结论。于是我们可以认为，C789构成6、7、8的显性三数组。所谓的显性三数组就是说，三个格子（一组单元格）构成了三个数字的可填组合。这个"显性"，就是从显性数对结构直接"拿过来"的。正是因为有了这个6、7、8的显性三数组结果，因此我们可以得到第5列唯一可以填入8的位置：E5=8，因为别的地方所在行也都有8的排除信息，C5≠8是因为所在行上的这个6、7、8的显性三数组的结构。

第2节 显性三数组（2）

数独盘面 14-2

题目代码

9+8271..+56......+2+9.6.59.+2+7+1........+82..8.2.17........
6.+57+1+24+8+63+9+8.6+3+915.+7..9+6+758.1

如盘面14-2所示。仔细观察第4个宫，通过观察唯一余数，我们可以立马确定，D3、E1和F3三个格子里只能填3、4、7。

思考一点：这三个格子只能填入3、4、7，就意味着三个格子，一个3、一个4、一个7，没有别的可能了。因此，这三个格子在第4个宫里构成显性三数组。

得到这个结论后，我们再次观察第1列，就可以发现，数字7只能填入B1。因为D1和F1两个单元格也属于第4个宫，而第4个宫的别处已经不允许填入3、4、7了，所以，DF1≠7。

最后，我们可以得到B1的唯一填数，即B1=7。

第3节　显性四数组

既然三数组有了，那么肯定四数组也不能少。不过四数组出现频率非常低（甚至十万道题都遇不到一个题目会用到这个技巧），因此欣赏一下就可以了。

数独盘面 14-3

第 14 讲　显性三数组和显性四数组

题目代码
.+1.+7+2.+56+3.+5+6.3.+247+7325+4+6+1+8+96+9+3+2+87+4+152+47+61+59+38+581+3+94........2...........1..587....

如盘面14-3所示，请观察第8行，通过唯一余数的操作可以得到H1只能填入3、4、8、9，而H3只能填4、8、9，H4只能填入4、9，而H6只能填入3和9。

思考一下。它们位于同一行，所以它们不能填入相同的数；而这四个格子也只能填入3、4、8和9，别无其他。四个格子只能填入四种数字，那么这四种数字在第8行的填数机会只能在这几个单元格里。所以，H78是不可能填入8的。

观察第9个宫，就只能将数字8填入G7，因此G7=8。

这个技巧叫显性四数组，指的是这里的H1346四个单元格只能填入3、4、8、9四种可能情况的数字。

第15讲
隐性三数组和
隐性四数组

下面我们来看看隐性版本的三数组和四数组。

标准数独入门：原来数独这么简单

第1节 隐性三数组（1）

先来看隐性三数组的例题。

数独盘面 15-1

题目代码
752+69.1.+8..8...6..9.......5871.............2+23....78+1..+7.. 8.+16...17.+8..1+8.2.63..

如盘面15-1所示，观察第5行可以发现，数字1、7、8均只能填入E456三个单元格。可问题就在于，现在第5行只有这三个格子可以放它们，别无其他。因此，有限的三个单元格就"优先"考虑1、7、8的填数情况。一个格子是1、一个格子是7，而最后一个格子是8，三个格子就恰好用光了，没有多余

第 15 讲　隐性三数组和隐性四数组

的格子，这就意味着，这三个格子就只能是1、7、8了，因为没有其他可能性。但凡里面填入别的数字，都会导致这行里的1、7、8的其中至少有一个数字无法填入。

所以，我们可以认为，E456一定是1、7、8，别处都不能填入1、7、8。再次观察数字3就可以得到结论：E8=3。这个题目用到的E456，可以称为关于1、7、8的隐性三数组。为什么是隐性的呢？因为我们这里用的是排除的类似操作，而不是唯一余数的类似操作。

第 2 节　隐性三数组（2）

下面我们来看另外一则稍微难一些的隐性三数组。

数独盘面 15-2

107

标准数独入门：原来数独这么简单

题目代码
.......+6+9.6..87.+515.1..67+2+8.+23...+8.+5.85.129........2.6.+5....6....47+6.59+22.+6..5+18.

如盘面15-2所示，请仔细观察第4列，我们可以看到，数字1、5、8只能填入AFG4，别的地方都不可能了。正是因为这个原因，AFG4构成关于1、5、8的隐性三数组，因此它们都不能填入别的数字。

再次观察第8个宫，我们可以发现，数字2只能填入G5。而G4只能填入1或8，别的空格也都不能填入2（基本的宫排除思路）。因此，G5=2是这个题目的结论。

第3节 隐性四数组

最后我们来观察一道题。

数独盘面 15-3

第 15 讲　隐性三数组和隐性四数组

> **题目代码**
>
> 9..1+6+4.8..7.9+83+21+58+1+3+2..+964.8..2....5....1.7...
> 1....42.4.716.............7.92...

如盘面15-3所示。请仔细观察数字1、4、6、7，可以发现第9个宫可以填入1、4、6、7的地方只有HI79四个单元格。我们优先安排1、4、6、7填进去，可以发现，一个1、一个4、一个6、一个7，刚好用完四个格子的填数机会，根本不可能填入别的数字。

再次观察数字8，就可以发现，第9行只有I4可以填入8了，因为别的地方都无法填入8了，要么是行排除掉的，要么是这个1、4、6、7的隐性四数组排除掉的。

所以，我们可以得到，I4=8的结论。

这个题目我们用到的是隐性四数组的技巧，HI79就是关于1、4、6、7的隐性四数组。

第16讲 实战题目解析（一）——排除、唯一余数

从本讲开始，我们将会给大家展示一些题目的实战完成方式以及技巧使用推理过程。它们难度都不大，但对于高效解题非常有帮助。下面我们来看一下这些实际的题目。

标准数独入门：原来数独这么简单

第1节 题目1（基本题目）

我们先来看看如何使用排除和唯一余数这两个技巧来做题和破题。这里我们精心找了四道题目，其中第一道题给出了完整的解析和完成步骤，而后面三道题也都给出了题目破题的卡点位置以及对应的推理过程。

下面，让我们开始吧！

数独盘面 16-1

		9	2		7	5		
8								3
	5		8		3		1	
		3		1		9		
	4						8	
		2		6		1		
	3		6		5		4	
4								5
		8	3		4	6		

题目代码

..92.75..8.......3.5.8.3.1...3.1.9..4.....8..2.6.1..3.6.5.4.4.......5..83.46..

如盘面16-1所示，请观察数字3。数字3在第1个宫有宫排除。

112

第 16 讲　实战题目解析（一）——排除、唯一余数

数独盘面 16-2

从盘面16-2可以看到，数字3的确存在第1个宫的宫排除结论：A1=3。与此同时，我们还可以通过宫排除得到3的其他确切位置：E5、F8和H7。

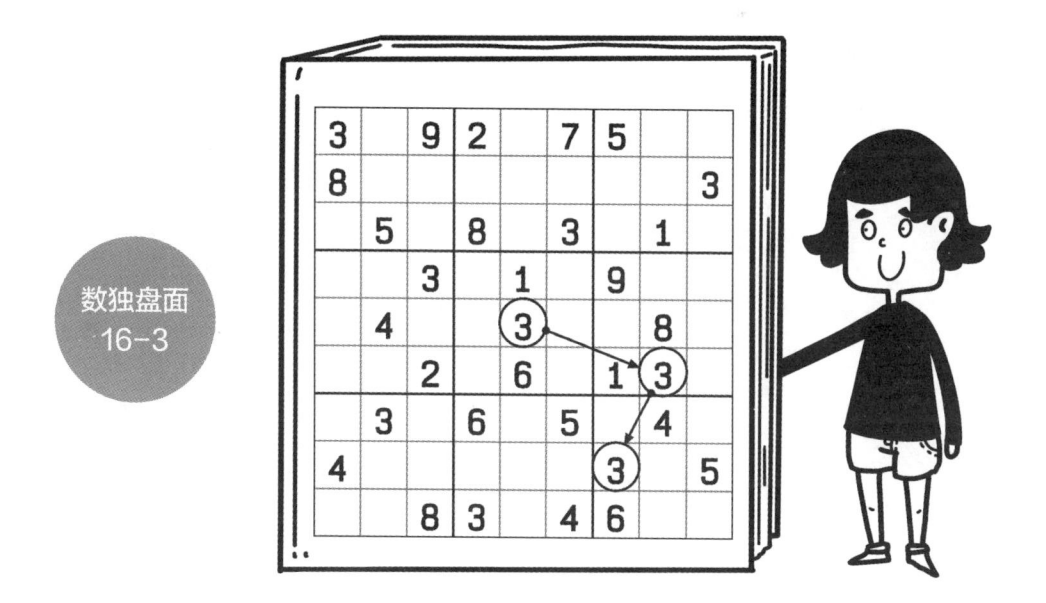

数独盘面 16-3

如盘面16-3所示，我们可以按照顺序填入数字3，直到这里。

接下来我们来观察数字5。数字5有一处可以得到的地方：D8=5，因为第4

标准数独入门：原来数独这么简单

个宫已经没有别的地方可以填入5了。

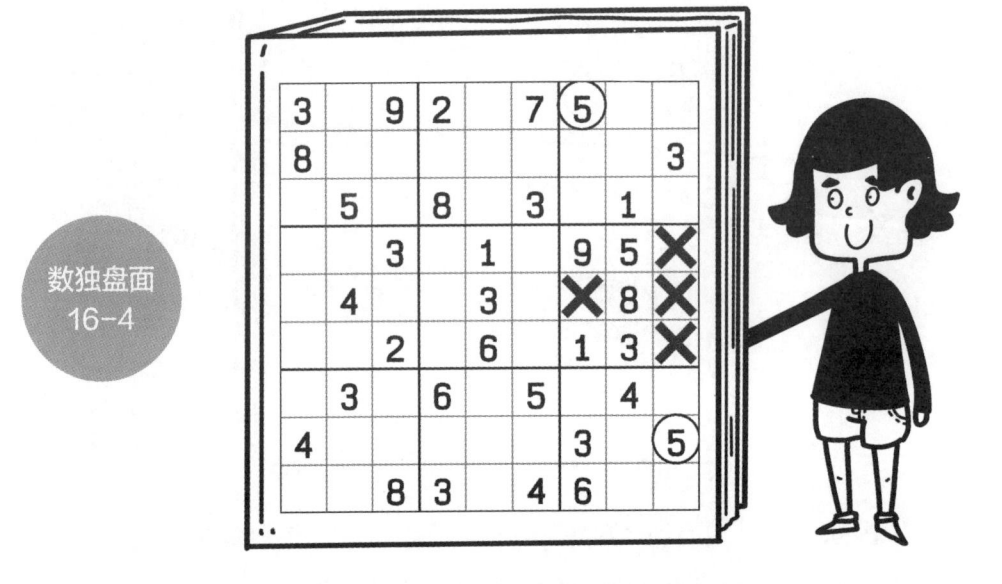

数独盘面
16-4

如盘面16-4所示。接着，我们仍可以找到数字5的排除，从而完成全部数字5的填入过程。

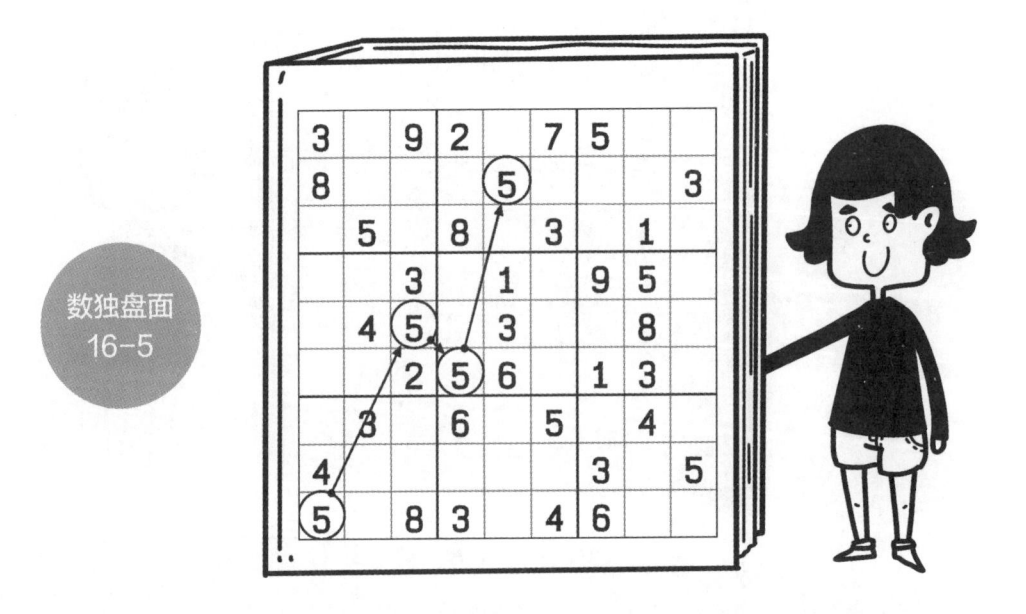

数独盘面
16-5

第16讲 实战题目解析（一）——排除、唯一余数

如盘面16-5所示。箭头表示的是填入数字的顺序和方向。比如说我们可以看到箭头是从I1=5开始的。按照箭头序列依次是I5=5、E3=5、F4=5和B5=5，这表示我按照I5、E3、F4和B5的顺序可以依次得到这些结论。比如说I5=5是基本的宫排除结论，然后我们利用这个数字，再次观察第4个宫可以得到E3=5的结论；再次利用E3=5我们可以得到F4=5的结论；最后是B5=5的结论。

接着，我们继续观察数字6，可以看到数字6有一处宫排除结论：B6=6。

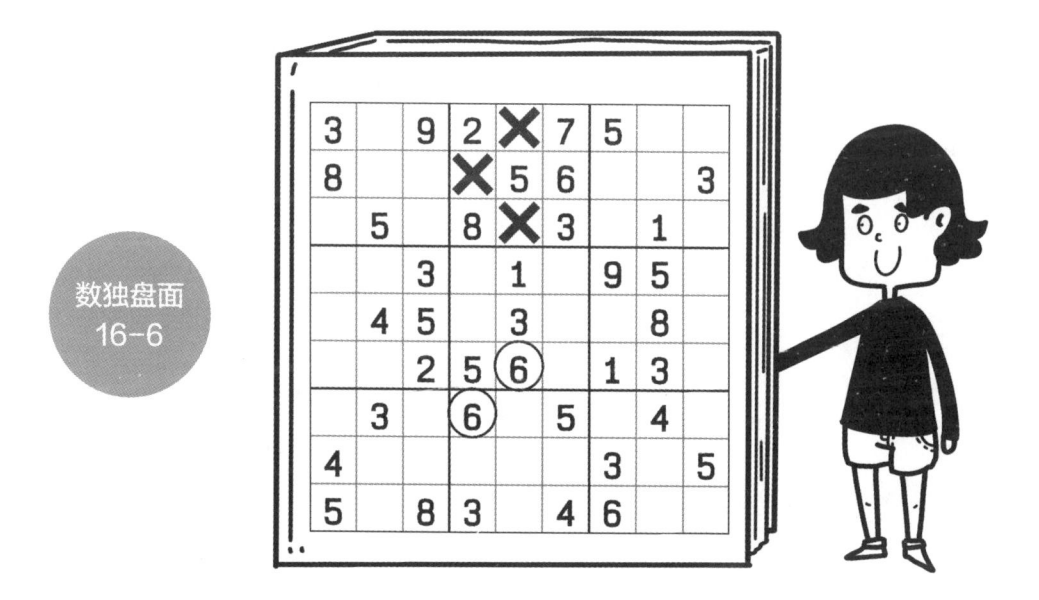

数独盘面 16-6

如盘面16-6所示。

接着我们来看数字8。数字8在第3个宫有排除结论：A9=8。因为A9是第3个宫里唯一一个可以填入8的地方了，别的空格所在的行或列上都有数字8，所以不能放在这些位置上。

标准数独入门：原来数独这么简单

数独盘面
16-7

如盘面16-7所示。接着我们还能填入G7=8的结论，依靠的是第7个宫的宫排除。

数独盘面
16-8

如盘面16-8所示。数字8我们就观察到这里。下面数字9也是没有宫排除的。因此我们重新从数字1开始按照数字顺序1~9地观察。

观察数字4我们可以发现，第5个宫现在有一个宫排除结论。因为之前填入

第 16 讲 实战题目解析（一）——排除、唯一余数

了的数字3导致的占位，E5此时已经填上了数字，因此我们再次观察数字4的时候，第5个宫就有额外结论了。

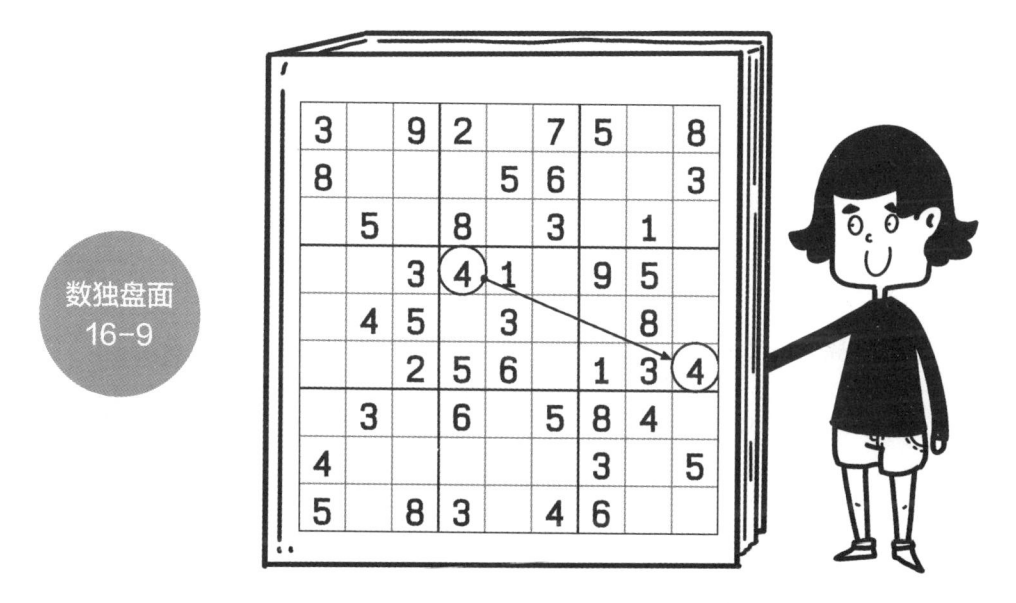

数独盘面
16-9

3		9	2		7	5		8
8				5	6			3
	5		8		3		1	
		3	4	1		9	5	
	4	5		3			8	
		2	5	6		1	3	4
	3		6		5	8	4	
4						3		5
5		8	3		4	6		

如盘面16-9所示，我们可以先得到第5宫的结论：D4=4，然后利用这一点得到第6个宫的数字4的宫排除结论：F9=4。出数顺序如箭头给出的那样。

我们继续观察数字7，可以得到两处宫排除结论：E4=7和D9=7。

数独盘面
16-10

3		9	2		7	5		8
8				5	6			3
	5		8		3		1	
		3	4	1		9	5	7
	4	5	7	3			8	
		2	5	6		1	3	4
	3		6		5	8	4	
4						3		5
5		8	3		4	6		

如盘面16-10所示。它们都是宫排除可以得到的结论。数字8和9仍没有宫排除结论,因此我们再一次从1开始观察。

再次观察数字1,我们可以得到E1=1的结论。

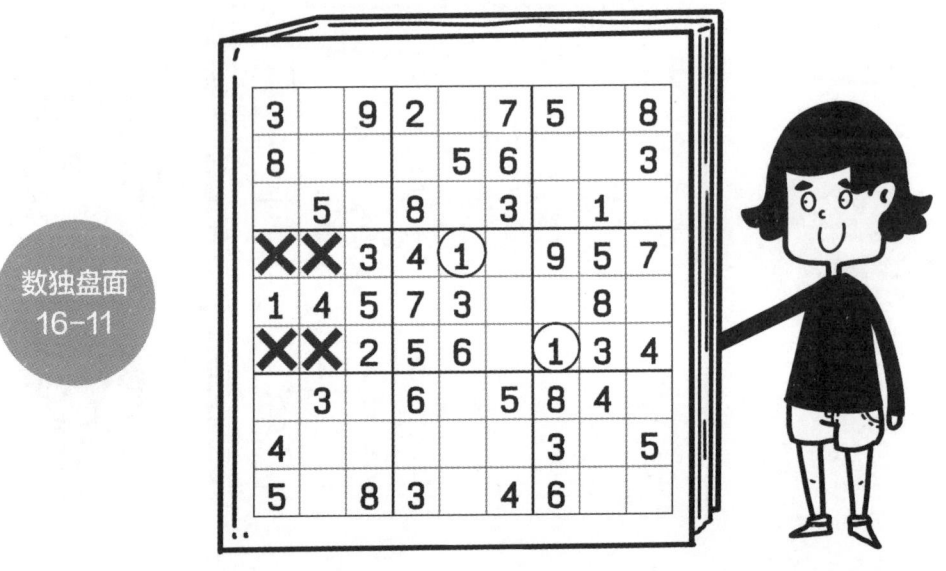

数独盘面 16-11

如盘面16-11所示。与此同时,不只是这个地方可以得到1,我们还能得到另外一组1。之所以说是"一组数字1",是因为确实是一系列的1都可以得到,并不是一个单独的结论。

数独盘面 16-12

第 16 讲 实战题目解析（一）——排除、唯一余数

如盘面16-12所示。我们可以优先得到第2个宫的1的结论在B4，因为B4是唯一一个在第2个宫里可以填入数字1的结论；然后我们可以通过这个1得到A2=1和H6=1的结论。然后将H6=1的结论利用起来，我们可以得到第7个宫的宫排除结论：G3=1，最后可以得到I9=1的结论。

接着我们可以得到数字6的两处宫排除结论。

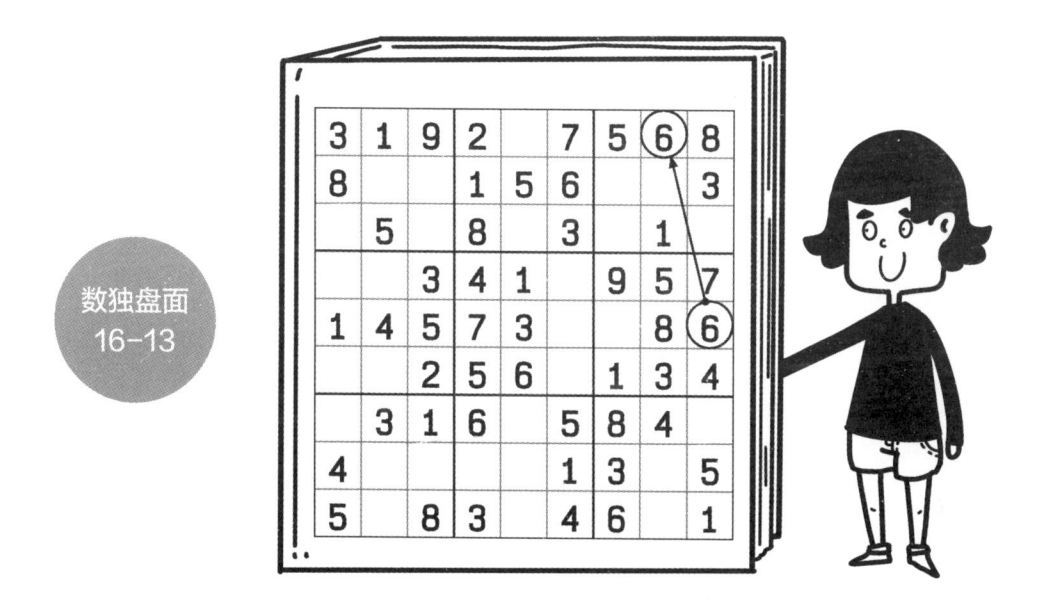

数独盘面
16-13

3	1	9	2		7	5	⑥	8
8			1	5	6			3
		5		8		3		1
			3	4	1		9	5	7
1	4	5	7	3			8	⑥
			2	5	6		1	3	4
		3	1	6		5	8	4	
4					1	3		5
5		8	3		4	6		1

如盘面16-13所示。它们分别是E9=6和A8=6。此时，我们发现第6个宫仅剩下唯一一个单元格是空格，因此我们可以通过显性唯一直接得到结论：E7=2。另外，利用E7=2的结论我们还能得到D6=2的结论，是通过第5个宫的宫排除得到的。

标准数独入门：原来数独这么简单

数独盘面 16-14

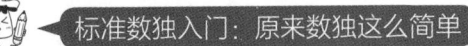

3	1	9	2		7	5	6	8
8			1	5	6			3
		5		8	3		1	
		3	4	1	②	9	5	7
1	4	5	7	3		②	8	6
		2	5	6		1	3	4
	3	1	6		5	8	4	
4					1	3		5
5		8	3		4	6		1

　　如盘面16-14所示。接着，观察数字8，我们可以依次填完所有剩下的没有填入的8。

数独盘面 16-15

3	1	9	2		7	5	6	8
8			1	5	6			3
		5		8	3		1	
	⑧	3	4	1	2	9	5	7
1	4	5	7	3		2	8	6
		2	5	6	⑧	1	3	4
	3	1	6		5	8	4	
4				⑧	1	3		5
5		8	3		4	6		1

　　如盘面16-15所示。然后，我们可以完成所有剩余的数字9的填入。

第 16 讲 实战题目解析（一）——排除、唯一余数

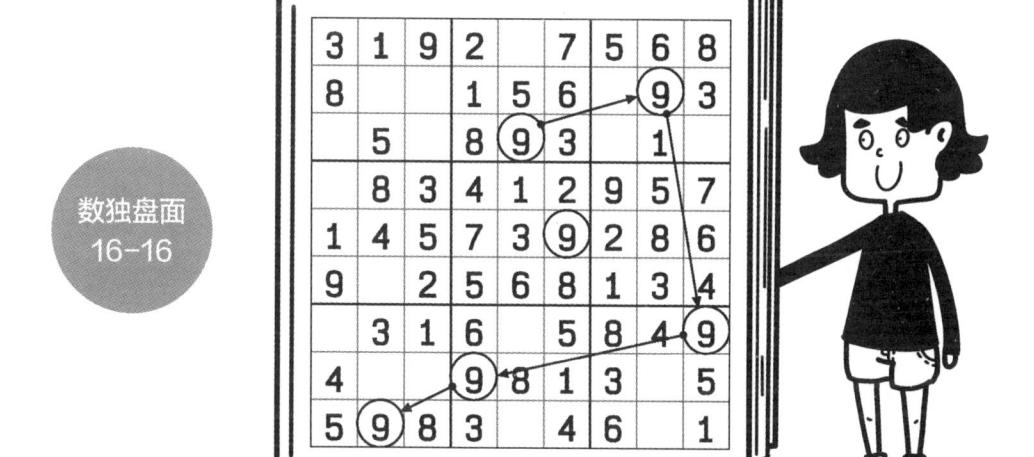

数独盘面 16-16

3	1	9	2		7	5	6	8
8			1	5	6		⑨	3
	5		8	⑨	3		1	
	8	3	4	1	2	9	5	7
1	4	5	7	3	⑨	2	8	6
9		2	5	6	8	1	3	4
	3	1	6		5	8	4	⑨
4		⑨	8		1	3		5
5	⑨	8	3		4	6		1

如盘面 16-16 所示。接着，是数字 2。

数独盘面 16-17

3	1	9	2		7	5	6	8
8	②		1	5	6		9	3
	5		8	9	3		1	②
	8	3	4	1	2	9	5	7
1	4	5	7	3	9	2	8	6
9		2	5	6	8	1	3	4
②	3	1	6		5	8	4	9
4			9	8	1	3	②	5
5	9	8	3	②	4	6		1

如盘面 16-17 所示。接着是数字 6，我们可以填入三个。

标准数独入门：原来数独这么简单

数独盘面 16-18

3	1	9	2		7	5	6	8
8	2		1	5	6		9	3
		5	⑥	8	9	3		1	2
⑥	8	3	4	1	2	9	5	7
1	4	5	7	3	9	2	8	6
9		2	5	6	8	1	3	4
2	3	1	6		5	8	4	9
4	⑥		9	8	1	3	2	5
5	9	8	3	2	4	6		1

如盘面16-18所示。最后，我们补充上剩下没有填入的显性唯一和简单的宫排除，就可以完成这个题目了。

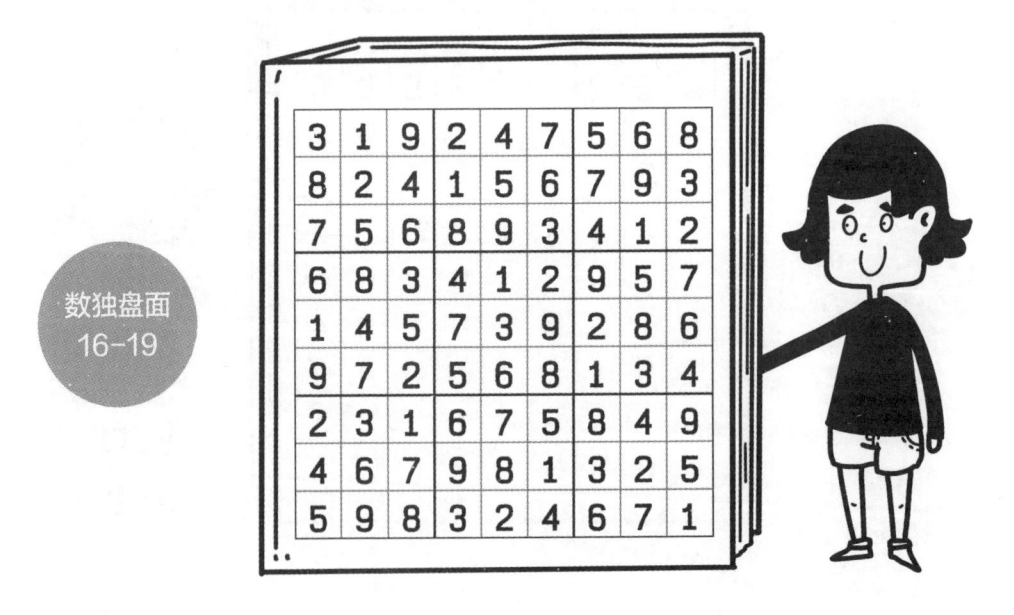

数独盘面 16-19

3	1	9	2	4	7	5	6	8
8	2	4	1	5	6	7	9	3
7	5	6	8	9	3	4	1	2
6	8	3	4	1	2	9	5	7
1	4	5	7	3	9	2	8	6
9	7	2	5	6	8	1	3	4
2	3	1	6	7	5	8	4	9
4	6	7	9	8	1	3	2	5
5	9	8	3	2	4	6	7	1

如盘面16-19所示，这个图片给出的就是这个题目的解了。下面我们来看

第 16 讲　实战题目解析（一）——排除、唯一余数

看题目的数据❶。

使用技巧名	使用次数
显性唯一	21
宫排除	32

第 2 节　题目 2（1 个唯一余数）

数独盘面 16-20

```
1 5 . | . . 3 | . . .
. . . | . . . | 6 7 .
. . 2 | 1 . . | . 4 3
------+-------+------
9 . . | . 1 . | 7 . 2
3 . 2 | . 8 . | . . 5
6 8 . | . . 4 | . 5 .
------+-------+------
. 3 . | 9 . . | . . .
. . . | . 2 . | . 6 8
```

---

❶ 每一个题目我们都将给出题目使用的技巧信息，给你一个基本的参考。不过，有些时候你可能不会按照我给定的方式去完成题目，因此很有可能你使用的总次数和我给出的参考数值有所偏差，这是正常的现象。

标准数独入门：原来数独这么简单

题目代码
15...3........6.7..2.1...439...1.7.2........3.2.8...568...4.5..3.9.......2...68

如盘面16-20所示，我们来完成这个题目。这个题目其实只有一处需要注意，这也是这个题目的卡点❶。

我们可以通过最基本的排除技巧（宫排除和行列排除），把题目做到这里。接着是这个题目的难点：唯一余数。

数独盘面 16-21

1	5			4	3		2	6
		3		2	6		7	1
	2	6	1				4	3
9				1		7		2
5					2			4
3		2		8				5
6	8	1			4	2	5	9
2	3	5	9	6	8	4	1	7
			2	5	1	3	6	8

如盘面16-21所示，这个地方藏着一个唯一余数。请仔细注意D6单元格。

---

❶ 所谓的卡（qiǎ）点，指的是题目的瓶颈。一个题目不一定只会包含宫排除，大多数时候题目还需要别的数独技巧才能继续完成。那么，整个题目里最难的一步，我们就称为卡点。注意，一般来说一个题目可能只会包含一个卡点，但也有题目的卡点不止一个。比如区块后出数的步骤，有些题目可能包含两个、三个甚至更多这样的情况。这些都称为卡点。

第 16 讲　实战题目解析（一）——排除、唯一余数

数独盘面 16-22

1	5			4	③		2	6
		3		2	⑥		7	1
		2	6	1			4	3
⑨				①	5	⑦		②
5						2		4
3		2		⑧				5
6	8	1		④	2	5	9	
2	3	5	9	6	8	4	1	7
				2	5	1	3	6	8

如盘面16-22所示，D6=5是一个非常不容易发现的唯一余数。虽然我们知道D6的所在行、列、宫都具有相当多的信息可以提供唯一余数，但仍然不好观察，原因是它实在是藏得很深：D6是一个非常不容易注意到的地方，而这样的地方往往被我们拿去观察宫排除和行列排除了，而总是会忽略掉唯一余数的观察。

另外，请仔细观察我给的圆圈记号。你可以发现，我所有圈出来的数字都是题目最开始就给的数字。是的，这个题目第一步就已经藏好了这个唯一余数，而这个唯一余数也是我们无法绕开的。因为做到这里，我们仍然需要使用唯一余数才能继续。而且，圆圈圈出来的数字也刚好是这个题目最"极限"的情况：在初盘里，D6所在的行、列、宫也刚好就只有8个提示数，它们恰好不相同，造就了唯一余数的形成。

剩下的题目均可只使用排除即可完成。如盘面16-23所示，这是这个题目的解。

标准数独入门：原来数独这么简单

数独盘面 16-23

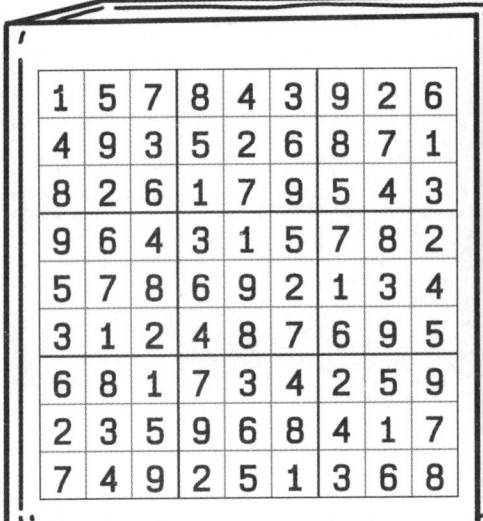

1	5	7	8	4	3	9	2	6
4	9	3	5	2	6	8	7	1
8	2	6	1	7	9	5	4	3
9	6	4	3	1	5	7	8	2
5	7	8	6	9	2	1	3	4
3	1	2	4	8	7	6	9	5
6	8	1	7	3	4	2	5	9
2	3	5	9	6	8	4	1	7
7	4	9	2	5	1	3	6	8

我们来看下题目的数据。

使用技巧名	使用次数
显性唯一	18
排除	36
唯一余数	1

第 16 讲 · 实战题目解析（一）——排除、唯一余数

第 3 节　题目 3（3 个唯一余数）

数独盘面 16-24

					5	8		
3								
2		6	4		9			
1	6		3			2		
4			6	5	2			1
	2				7		6	3
			8		4	9		7
								8
		1	5					

题目代码

.....58.3........2.64.9...16.3..2..4..652..1..2..7.63..8.49.7.....
...8..15.....

如盘面 16-24 所示。下面我们来完成和试着找一下这个题目的卡点。

这个题目是钻石题[1]，即第一步就是最难的步骤。是的，这个题目的难点在于唯一余数。这个题拥有三个唯一余数需要我们找到。其中的第一个唯一余数就在初盘里。

---

[1] 钻石题指的是这个题目的最难的步骤就是这个题目的第一步。换句话说你第一步就解开这个题目最难的步骤，题目才可继续进行下去。附加内容里将介绍有关这类题目更加详细的解释。

标准数独入门：原来数独这么简单

数独盘面 16-25

如盘面16-25所示。请注意D6。是的，这个题也是D6有一个唯一余数，和上一题是一样的。不过，这纯属巧合。这个题目仍使用唯一余数，可以发现D6只能填入8，而别的数字在D6所在的行、列、宫已经全都出现过，故D6=8。

然后，我们继续使用排除，可以直接做到这里，如盘面16-26。

数独盘面 16-26

第16讲 实战题目解析（一）——排除、唯一余数

接着我们还需要使用唯一余数。

数独盘面 16-27

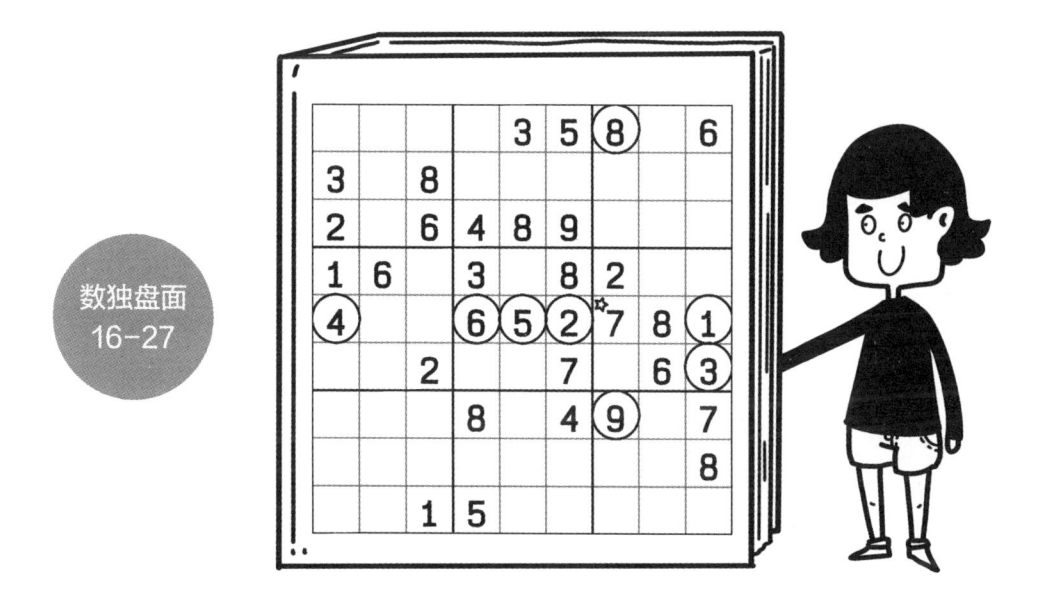

			3	5	⑧		6	
3	8							
2		6	4	8	9			
1	6		3			8	2	
④		⑥	⑤	②	7		8	①
		2			7		6	③
				8		4	⑨	7
								8
				1	5			

如盘面16-27所示，这次我们观察E7。E7藏着一个初盘就可以填入的唯一余数：E7=7。得到这个7后，我们可以找到第4个宫的数字7的宫排除结论：D3=7。

数独盘面 16-28

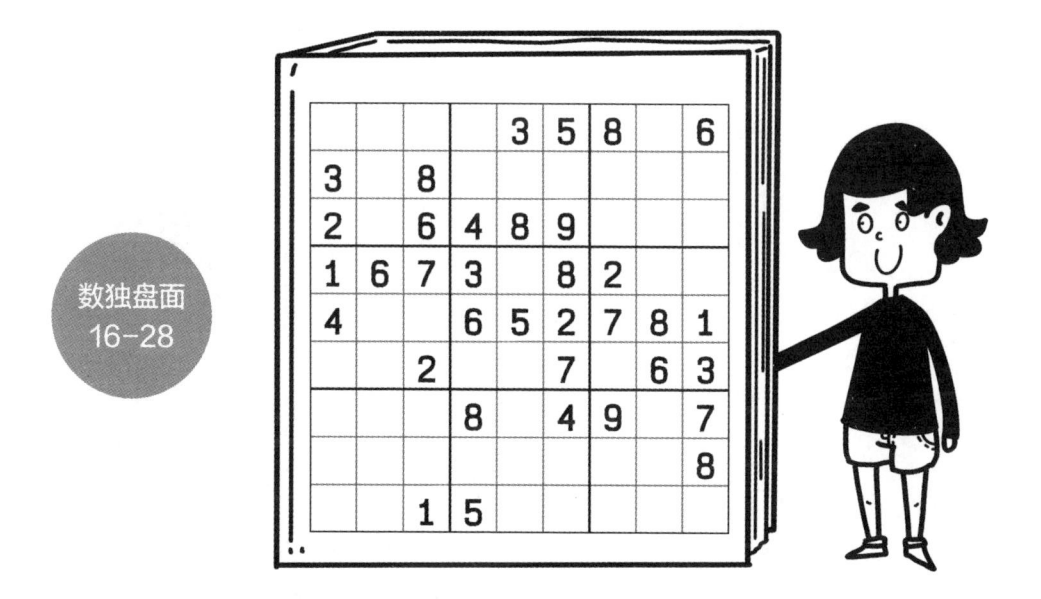

			3	5	8		6	
3	8							
2		6	4	8	9			
1	6	7	3			8	2	
4		6	5	2	7		8	1
		2			7		6	3
				8		4	9	7
								8
				1	5			

如盘面16-28所示，然后是本题目最后一个唯一余数。

标准数独入门：原来数独这么简单

数独盘面 16-29

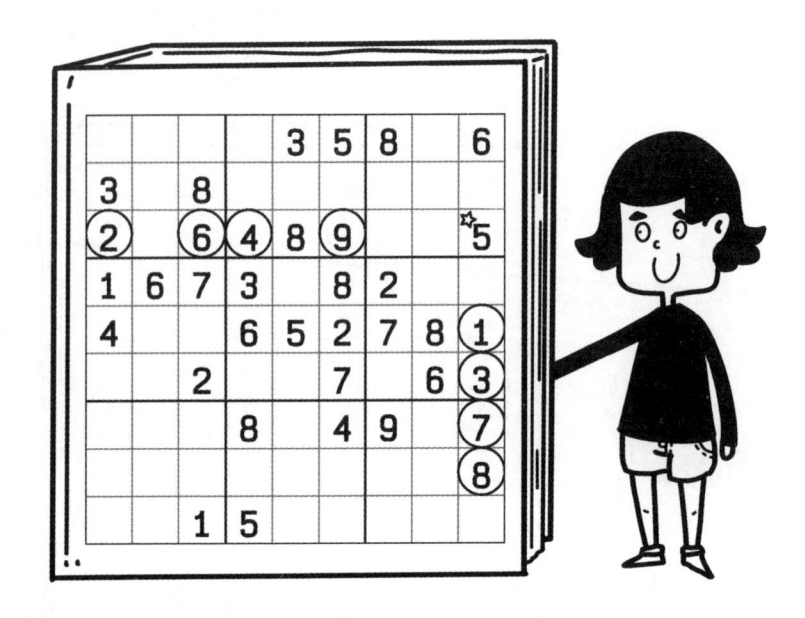

			3	5	8		6	
3	8							
②	⑥	④	8	9			☆5	
1	6	7	3		8	2		
4			6	5	2	7	8	①
	2				7		6	③
			8		4	9		⑦
								⑧
		1	5					

　　如盘面16-29所示。请注意C9单元格。C9也藏着初盘就有的唯一余数结论。观察C9所在的行和列就可以发现，除了5以外，所有的数字都已经出现，因此C9=5。至此，题目的所有唯一余数就都被发现了，剩下的都是排除技巧就可以完成的步骤了。

　　题目的解如盘面16-30所示。

数独盘面 16-30

7	4	9	1	3	5	8	2	6
3	5	8	2	7	6	1	9	4
2	1	6	4	8	9	3	7	5
1	6	7	3	4	8	2	5	9
4	9	3	6	5	2	7	8	1
5	8	2	9	1	7	4	6	3
6	3	5	8	2	4	9	1	7
9	2	4	7	6	1	5	3	8
8	7	1	5	9	3	6	4	2

第 16 讲　实战题目解析（一）——排除、唯一余数

来看看本题的数据吧。

使用技巧名	使用次数
显性唯一	19
排除	32
唯一余数	3

第 4 节　题目 4（17 提示数数独）

我们来看看本讲的最后一个题目。

数独盘面 16-31

			6			3		
		8			2			
2		5						
			2	9		5		
	7	6						
						1		
					7		6	4
5								
							7	

标准数独入门：原来数独这么简单

题目代码
....6..3....8..2..2..5........29.5...76............1.......7.645..............7.

如盘面16-31所示。

在讲解题目之前，我稍微啰嗦一下，说明17提示数的数独题在整个数独界的重要性和地位。经过电脑彻夜无眠地运行计算，程序验证了数独的提示数的最低极限数量：17。所有完全合格的数独题目（也就是说保证题目的解是唯一的，即每一个空格都只有一种填法）的提示数的数量至少是17个。换句话说，你做的所有的数独题没有可能少于17个提示数，还能保证题目的唯一解。

但是，9阶的数独（也就是本书讲解的题目类型，即由九行和九列构成的盘面）的变动和稳定性尚不清楚，因此即使阶数没有超过10阶，但数独的解的总情况数也已经超过了54亿。换句话说，这54亿个盘面都是已经填好的解，而它们是互相不重复的。如果考虑行列交换等简单代换的话，这个数字将会暴涨到大约6.67×10^{26}（10的26次方需要在数字1的后面再写26个零）。不论是人工验证还是机器验证，这都是不小的挑战。

所以，17提示数的数独题目是非常极限的存在。而且，对于软件来说，也鲜有软件（电脑程序或手机的app）能够仅通过算法来生成一个完全合格的数独题，因为生成一个17提示数的数独题耗费的时间是非常多的。因此，17提示数的数独题目是非常具有研究价值的题目类型。

回到题目。虽然这个题目仅包含17个提示数，但这个题目的难度不大，只有显性唯一、排除和唯一余数，而且唯一余数还只有一个。

第 16 讲 实战题目解析（一）——排除、唯一余数

数独盘面 16-32

			6	2	7	3		
7	6		8	1		2	5	9
2			5	7		6	4	
		2	9	6	5	8		7
9	7	6	1	8	5	4	2	3
		7				1	9	6
			5	7		6	4	
5		7	6		8		1	2
6				2	1		7	5

如盘面 16-32 所示。我们通过排除可以直接做到这里。并且这里有一个唯一余数，是这个题目的卡点。请注意 B9，可以看到 B9 是属于第 3 个宫的，这样可以立刻通过第 3 个宫的数字确定 B9 可以填入的数字只有 1、8、9。接着观察第 2 行。可以看到第 2 行也已经出现了 1 和 8，因此，B9 只能填入 9，故 B9=9 是这一个步骤的结论。

那么剩下的步骤也只有排除和显性唯一了。答案如下。（盘面 16-33）

数独盘面 16-33

1	5	9	4	6	2	7	3	8
7	6	4	8	1	3	2	5	9
2	8	3	5	7	9	6	4	1
4	3	1	2	9	6	5	8	7
9	7	6	1	8	5	4	2	3
8	2	5	7	3	4	1	9	6
3	1	2	9	5	7	8	6	4
5	9	7	6	4	8	3	1	2
6	4	8	3	2	1	9	7	5

本题的数据如下。

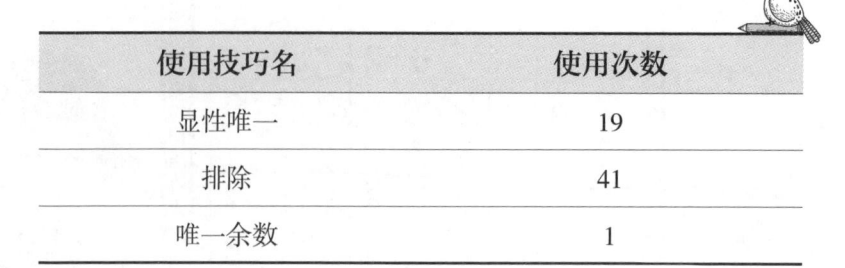

使用技巧名	使用次数
显性唯一	19
排除	41
唯一余数	1

第17讲
实战题目解析
（二）——区块

下面将给大家带来一些带有区块技巧的题目。

标准数独入门：原来数独这么简单

第1节 题目1（基本题目）

数独盘面 17-1

1				9			6	
6	8				7			
9		5	8					
7		4		6			5	
	5			1		3		2
					5	2		4
				9			3	7
	9			2				5

题目代码
1...9..6.68...7...9.58.....7.4.6..5..........5.1.3.2.....52.4...9...3 7.9..2...5

如盘面17-1所示。下面我们来完成这个题目。

首先，我们可以使用基本的排除和显性唯一的技巧可以做到这里（如盘面17-2）。

第 17 讲 实战题目解析（二）——区块

数独盘面
17-2

接着是这个题目的卡点。

数独盘面
17-3

如盘面17-3所示。我们观察第7行，看到数字1可以填入的位置只剩下G23两个单元格。

注意，第4个宫里数字1只能填在DE2两个单元格，而恰好DE2同属于第2

列，因此第2列上填入1的机会也只能在DE2里。因此，G2≠1是一定的。

正是因为这样的原因，所以第7行能填入1的地方只剩下G3了，因此G3=1。这个步骤我们用到了第4个宫的数字1的区块结构。接着，题目就仅剩下排除和显性唯一这两个基本技巧了。

题目的解如下。

数独盘面 17-4

1	7	3	2	9	4	5	6	8
6	8	2	1	5	7	9	4	3
9	4	5	8	3	6	7	2	1
7	1	4	3	6	2	8	5	9
2	3	9	5	7	8	4	1	6
8	5	6	4	1	9	3	7	2
3	6	1	7	8	5	2	9	4
5	2	8	9	4	1	6	3	7
4	9	7	6	2	3	1	8	5

本题的解如盘面17-4所示。使用的技巧信息如下：

使用技巧名	使用次数
显性唯一	21
排除	33
唯一余数	1

第 17 讲　实战题目解析（二）——区块

第 2 节　题目 2（稍微难一些的题目）

下面我们来看一下第二题。

数独盘面 17-5

8	1							
						9	6	1
	3	2			5			9
			3		1			
	9	4					6	1
				5		8		
6				2			5	8
	9	4	3					
							9	3

题目代码

81..........961.32...5..9..3.1....94.....61....5.8..6..2...58.943..........93

如盘面 17-5，下面我们来看一下这个题目怎么完成。

首先我们可以通过基本的排除和显性唯一做到这里（见盘面 17-6）。

139

标准数独入门：原来数独这么简单

数独盘面 17-6

8	1	9						
4			8	3	9	6	1	2
3	2	6	1		5		8	9
		3		1		9		
9	4						6	1
			9	5		8		
6	3		2	9			5	8
5	9	4	3					6
			5				9	3

接着，是唯一余数技巧。

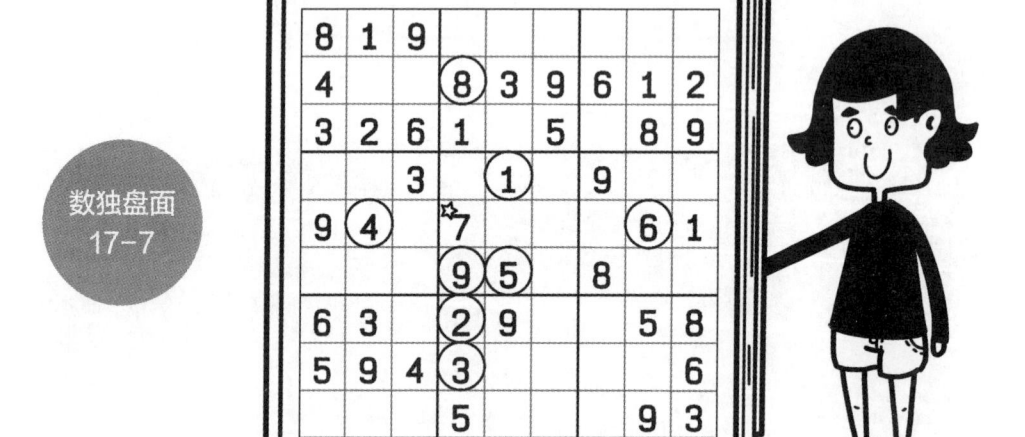

数独盘面 17-7

8	1	9						
4		⑧	8	3	9	6	1	2
3	2	6	1		5		8	9
		3		①	1	9		
9	④		☆7				⑥	1
			⑨	⑤		8		
6	3		②	9			5	8
5	9	4	③					6
			5				9	3

如盘面17-7所示，E4是唯一余数。可以看到E4所在的行、列、宫里，1~9中就只有数字7没有出现了，因此E4=7。

接着，请观察第3行和第9个宫。

第17讲 实战题目解析（二）——区块

数独盘面 17-8

8	1	9						
4			8	3	9	6	1	2
3	2	6	1	☆4	5	✗	8	9
		3		1		9		
9	4		7				6	1
			9	5		8		
6	3		2	9		④	5	8
5	9	④	3			✗✗		6
				5			9	3

如盘面17-8所示，观察第9个宫可以发现，数字4仅可以填入GI7。而GI7恰好同一列，因此在第7列中填入4的机会只能在GI7里了，别的格子都不能填入4了。因此，C7≠4。

然后观察第3行就可以得到4的最终填入位置：C5=4。接着，我们可以完成一些地方，直到做到这里（见盘面17-9）。

数独盘面 17-9

8	1	9	6	7	2			
4			8	3	9	6	1	2
3	2	6	1	4	5	7	8	9
		3	4	1		9		
9	4		7	2			6	1
			9	5		8		
6	3		2	9			5	8
5	9	4	3	8	1	2	7	6
				5	6		9	3

标准数独入门：原来数独这么简单

接着，是本题剩下的两处唯一余数。是的，这两个唯一余数是挨着的。

数独盘面
17-10

8	1	9	6	7	2			
4			8	3	9	6	1	2
3	2	6	1	4	5	7	8	9
7	3	4	1			9	2	
9	4		7	2			6	1
			9	5		8		
6	3		2	9			5	8
5	9	4	3	8	1	2	7	6
			5	6			9	3

如盘面17-10所示，我们可以先得到唯一余数D8=2，然后利用D8的数字2来得到D1=7的唯一余数结论。

后面剩下的都是显性唯一和排除了。下面是这个题目的解（在盘面17-11）。

数独盘面
17-11

8	1	9	6	7	2	5	3	4
4	5	7	8	3	9	6	1	2
3	2	6	1	4	5	7	8	9
7	8	3	4	1	6	9	2	5
9	4	5	7	2	8	3	6	1
1	6	2	9	5	3	8	4	7
6	3	1	2	9	7	4	5	8
5	9	4	3	8	1	2	7	6
2	7	8	5	6	4	1	9	3

第17讲 实战题目解析（二）——区块

如盘面所示。使用的技巧如下：

使用技巧名	使用次数
显性唯一	20
排除	31
唯一余数	3
区块 + 排除	1

第3节　题目3（2个区块）

数独盘面 17-12

标准数独入门：原来数独这么简单

题目代码

..49.2...5.2..7....31.4......9...1.8.52.34..4.3..2......1.79....8..5.1...3.98..

如盘面17-12所示。下面我们来完成这个题目。

首先，我们可以通过显性唯一和排除技巧做到这里（盘面17-13）。

数独盘面 17-13

	4	9	6	2	3	1		5
5	6	2	1	3	7	9	8	4
9	3	1		5	4	8	6	
			9				1	3	8
		5	2		3	4		
4		3			1	2	5	
		8		1		7	9	3
3	9		8			5		1
		3		9	8			

144

第 17 讲 实战题目解析（二）——区块

下面是第一个区块技巧。

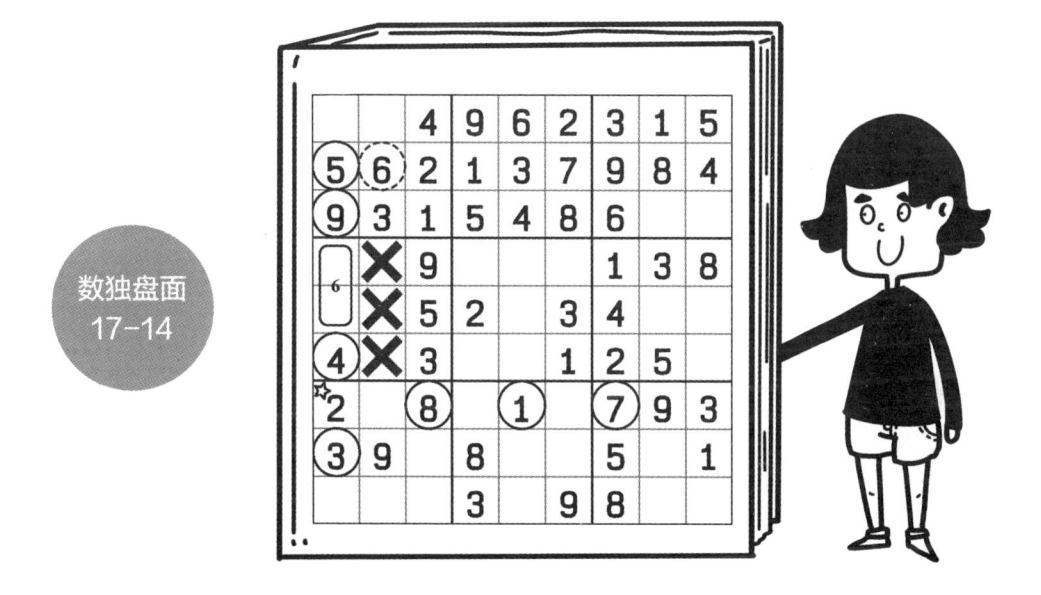

数独盘面 17-14

如盘面17-14所示，我们可以观察到，第4个宫里可以填入6的地方只有DE1两个单元格，而DE1恰好同一列，因此DE1构成关于6的区块结构。同时，我们可以利用这一点得到唯一余数结论。

观察G1单元格可以发现，G1只能填入2，因为别的数字在所在的行、列、宫都已经出现，而G1≠6是因为所在列上已经存在关于6的区块结构。因此，G1=2是这个唯一余数的结论。

接着我们还能填入一个数字：D2=2。

标准数独入门：原来数独这么简单

数独盘面
17-15

	4	9	6	2	3	1	5	
5	6	2	1	3	7	9	8	4
9	3	1	5	4	8	6		
	2	9				1	3	8
		5	2		3	4		
4		3			1	2	5	
2		8		1		7	9	3
3	9		8			5		1
			3		9	8		

如盘面17-15所示，下面是这个题目的第二个区块技巧。

数独盘面
17-16

如盘面17-16所示。可以看到，D5也是唯一余数，其中1~9里，除了5和7两个数字，其他的数字全都已经在所在的行、列、宫出现过。而D5≠7的原因是，第8个宫包含数字7的区块结构，位于HI5，是和D5同一列的。

第 17 讲 实战题目解析（二）——区块

因此，我们只能让D5=5。至此题目卡点我们解决了。这个题目剩余的步骤都不难了。下面给出该题目的解（盘面17-17）。

数独盘面 17-17

8	7	4	9	6	2	3	1	5
5	6	2	1	3	7	9	8	4
9	3	1	5	4	8	6	2	7
7	2	9	4	5	6	1	3	8
6	1	5	2	8	3	4	7	9
4	8	3	7	9	1	2	5	6
2	4	8	6	1	5	7	9	3
3	9	7	8	2	4	5	6	1
1	5	6	3	7	9	8	4	2

本题使用的技巧如下：

使用技巧名	使用次数
显性唯一	19
排除	32
唯一余数	2

第18讲
实战题目解析（三）——显性数对

前文介绍了排除、唯一余数和区块技巧相关的题目解析，下面我们来对一些带有显性数对技巧的题目作出解析说明。

第1节　题目1（基本题目）

我们来看看第一个题目。

数独盘面 18-1

							7	6
	1	2	3			5		
5						4		
		4		6	2			
	7			3			1	
				9	1		8	
		5						7
		3			8	1	5	
1	2							

题目代码

........76.123..5..5.....4..4.62.....7..3..1....91.8...5.....7..3..81 5.12.......

如盘面18-1所示，下面我们来看看这个题目怎么完成。

首先我们可以通过基本的排除和显性唯一做到这里（盘面18-2）。

第 18 讲　实战题目解析（三）——显性数对

数独盘面 18-2

下面我们仔细观察第2行和第3个宫。

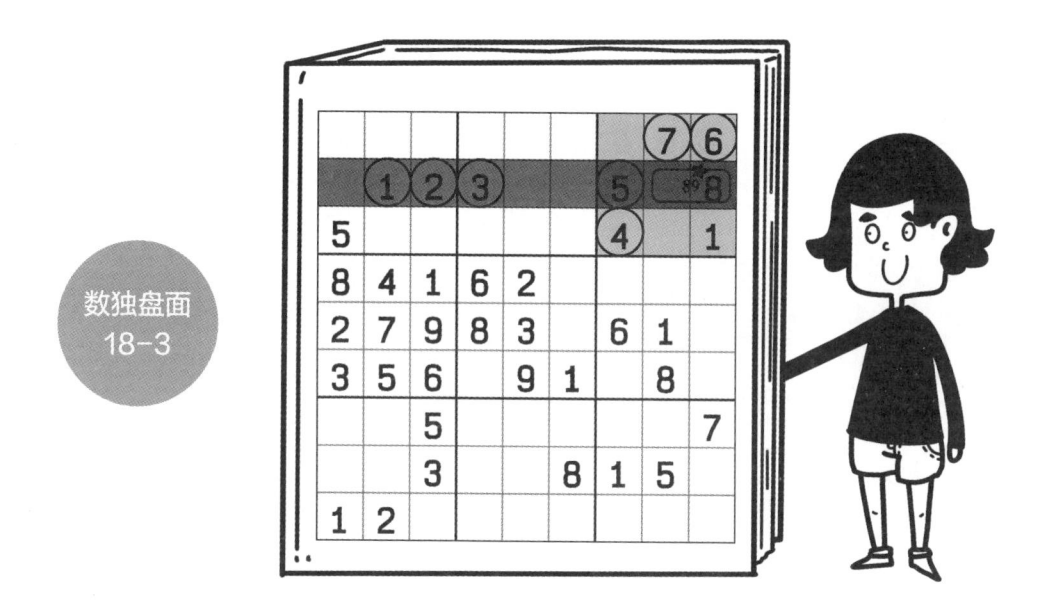

数独盘面 18-3

如盘面18-3所示，可以观察到，第2行里出现的数字有1、2、3、5，而第3个宫里出现的数字则有4、5、7、8。第2行和第3个宫里共用的单元格B789里，只有一个数字5，而剩下的格子里，第2行中B156没有填数。

151

> 标准数独入门：原来数独这么简单

按照规则来看，B156应当填入的就是第3个宫里没有出现的4、7、8三种数字。因为第2行也得出现这些数字，但第3个宫已经包含这三个数字的信息，因此第2行只能把它们放在B156里去了。而恰好的是，B156刚好是三个格子，因此我们不必管他们具体的填数情况和顺序。

同时，第2行仅剩两个空格，因此B89一定是填8和9的，因为就只有8和9没有出现过。因此，B89应该是关于8和9的显性数对结构。

因为这个原因，而F8=8，所以只能让B9=8了。至此，我们就完成了这个题目的卡点。来看看这个题目的解吧（盘面18-4）。

数独盘面 18-4

4	9	8	5	1	2	3	7	6
6	1	2	3	7	4	5	9	8
5	3	7	9	8	6	4	2	1
8	4	1	6	2	7	9	3	5
2	7	9	8	3	5	6	1	4
3	5	6	4	9	1	7	8	2
9	8	5	1	6	3	2	4	7
7	6	3	2	4	8	1	5	9
1	2	4	7	5	9	8	6	3

本题使用的技巧如下：

使用技巧名	使用次数
显性唯一	21
排除	32
唯一余数	2
显性数对 + 排除	1

第 18 讲　实战题目解析（三）——显性数对

第 2 节　题目 2（1 个显性数对和 1 个区块）

下面我们来看第二题。

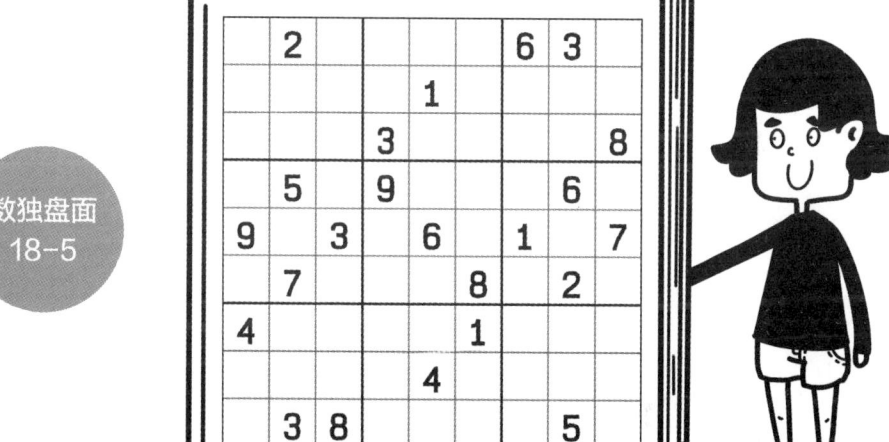

数独盘面 18-5

	2					6	3	
					1			
			3					8
	5		9				6	
9		3		6		1		7
	7				8		2	
4						1		
				4				
	3	8					5	

题目代码

.2....63.....1......3....8.5.9...6.9.3.6.1.7.7...8.2.4....1.......4.....38....5.

如盘面 18-5 所示。首先我们可以填入两处结论，分别是 F4=1 和 B1=3，按照顺序出这两个数。然后题目出来这两个数后可以做到这里（盘面 18-6）。

标准数独入门：原来数独这么简单

数独盘面 18-6

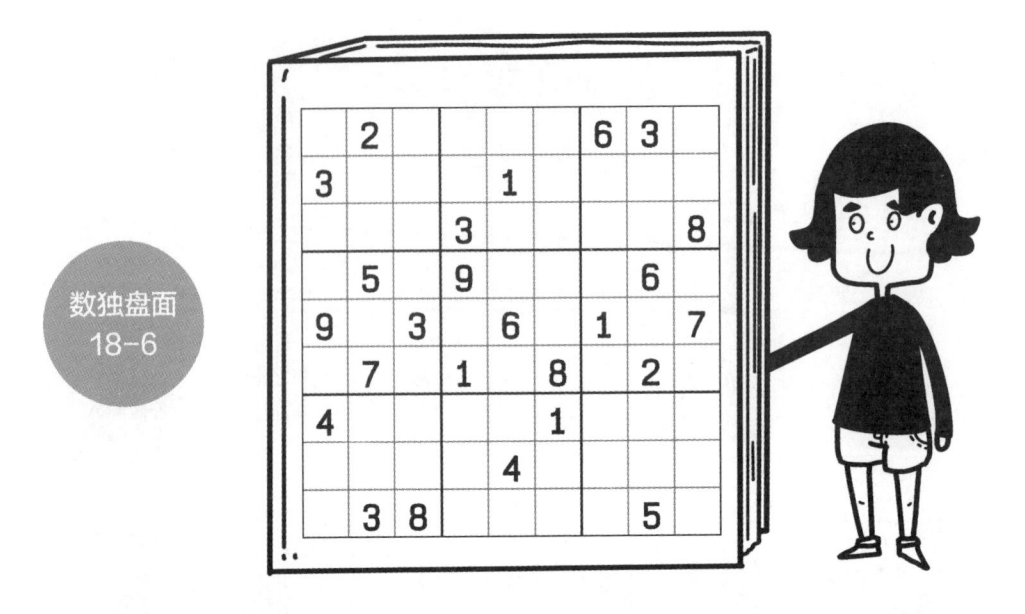

	2				6	3		
3				1				
			3					8
	5		9			6		
9		3		6		1		7
	7		1		8		2	
4					1			
				4				
	3	8				5		

接下来我们来看这个题目的第一个难点：数对。

数独盘面 18-7

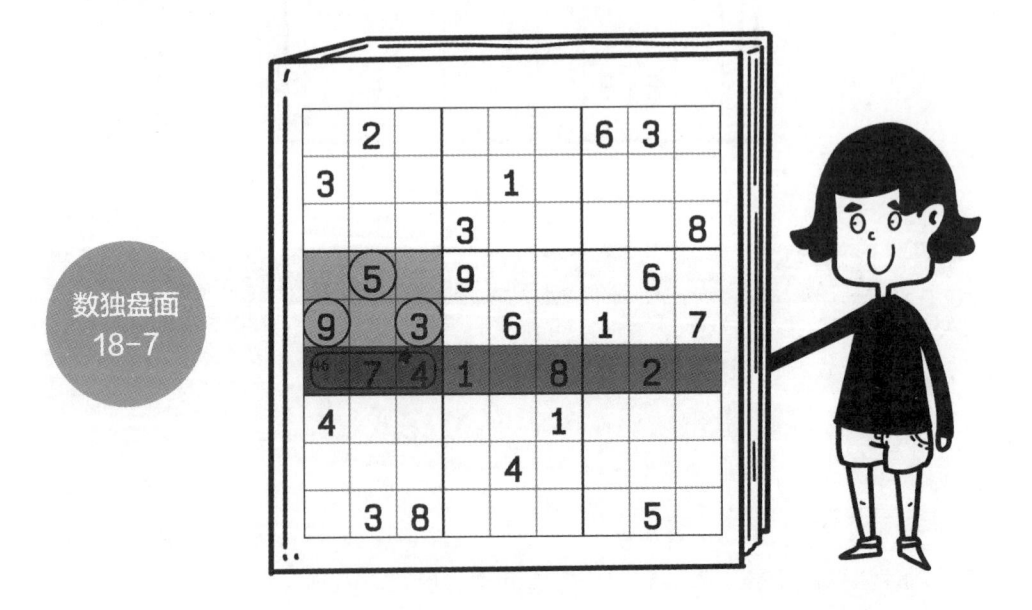

	2				6	3		
3				1				
			3					8
	⑤		9			6		
⑨		③		6		1		7
₄₆	7	④	1		8		2	
4					1			
				4				
	3	8				5		

如盘面18-7所示，请注意第6行和第4个宫，可以类比前文给的例子来得到相似的结论。首先第6行和第4个宫共用F123三个单元格，而排除掉它们之后可以发现，第6行剩余六个单元格还有三个空格，刚好放下3、5、9三种

第18讲 实战题目解析（三）——显性数对

数字，也恰好和已经出现的1、2、8三种数字完全不一样，所以放上去是合适的。

于是，只有4和6没有出现了，因此F13一定是4和6，它们就是显性数对了。接着，因为第1列已经出现4，因此只能让F3=4，这个就是这个技巧的结论。同样地，可以得到F1=6的结论。

接着题目可以做到这里（盘面18-8）。

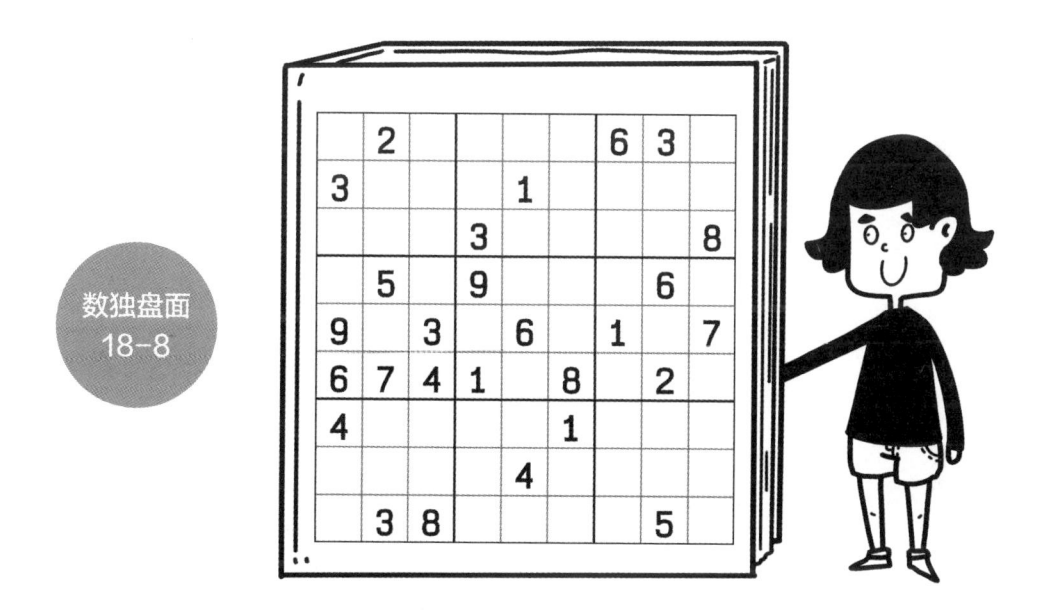

数独盘面 18-8

	2					6	3	
3				1				
			3					8
	5		9				6	
9		3		6		1		7
6	7	4	1		8		2	
4					1			
				4				
	3	8					5	

下面我们要用到唯一余数技巧。

标准数独入门：原来数独这么简单

数独盘面
18-9

	②					6	3	
3			1					
			3					8
	⑤	9				6		
9☆	8	3		6		①		7
6	7	4	1		8		2	
4						1		
				4				
	3	8					5	

如盘面18-9所示，可以看到，刚才我们已经在F13上填入了两个数字，因此E2就有唯一余数了：E2=8，因为别的数字在所在的行、列、宫都出现过了。

接着，我们可以继续完成题目，直到这里（盘面18-10）。

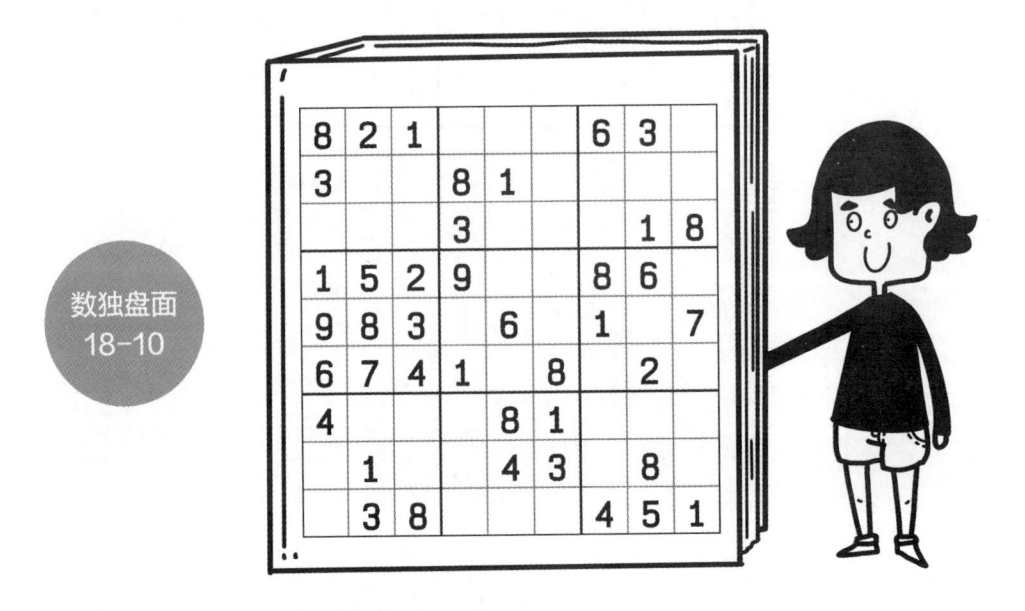

数独盘面
18-10

8	2	1				6	3	
3			8	1				
			3				1	8
1	5	2	9			8	6	
9	8	3		6		1		7
6	7	4	1		8		2	
4				8	1			
	1			4	3		8	
	3	8				4	5	1

接着，我们继续可以发现一次唯一余数：E8=4（盘面18-11）。

第 18 讲 实战题目解析（三）——显性数对

数独盘面 18-11

8	2	1				6	3	
3			8	1				
				3			1	8
1	5	2	9			8	6	
⑨	⑧	③		⑥		①	4☆	⑦
6	7	4	1		8		②	
4				8	1			
	1			4	3		8	
	3	8				4	⑤	1

接着，可以做以以下状态（盘面18-12）

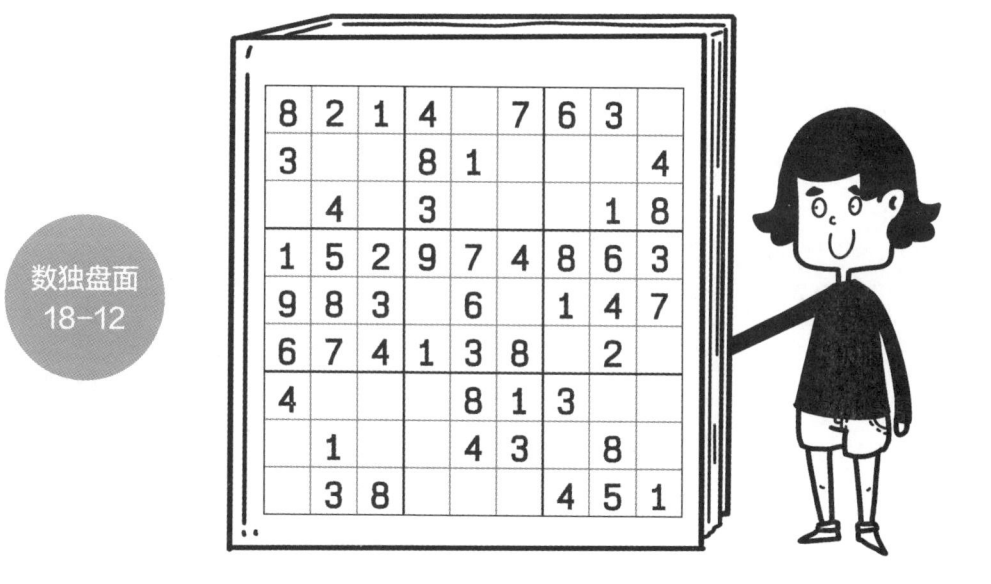

数独盘面 18-12

8	2	1	4		7	6	3	
3			8	1				4
	4		3				1	8
1	5	2	9	7	4	8	6	3
9	8	3		6		1	4	7
6	7	4	1	3	8		2	
4				8	1	3		
	1			4	3		8	
	3	8				4	5	1

如盘面18-13所示，下面是这个题目的最后一个难点。

标准数独入门：原来数独这么简单

数独盘面 18-13

8	2	1	4	✗	7	6	3	
3			8	1	6			4
	4		3	✗			1	8
1	5	2	9	7	4	8	6	3
9	8	3	⑥			1	4	7
⑥	7	4	1	3	8		2	
4				8	1	3		
	1			4	3		8	
✗	3	8	☆	✗	✗	4	5	1

　　请注意第9行，我们可以填入6的地方只有l4。单元格l15的所在列已经有6了，而l6≠6的原因是，所在列上的BC6是关于6的区块结构，由第2个宫形成区块结构。

　　得到l4=6之后，题目仅剩下排除和显性唯一了。下面我们来看一下这个题目的解（盘面18-14）。

数独盘面 18-14

8	2	1	4	5	7	6	3	9
3	9	6	8	1	2	5	7	4
5	4	7	3	9	6	2	1	8
1	5	2	9	7	4	8	6	3
9	8	3	2	6	5	1	4	7
6	7	4	1	3	8	9	2	5
4	6	5	7	8	1	3	9	2
2	1	9	5	4	3	7	8	6
7	3	8	6	2	9	4	5	1

第 18 讲　实战题目解析（三）——显性数对

本题使用的技巧如下：

使用技巧名	使用次数
显性唯一	19
排除	35
唯一余数	2
区块 + 排除	1
显性数对 + 排除	1

第 3 节　题目 3（2 个显性数对）

数独盘面 18-15

```
. 7 . | 9 . . | . 4 3
5 1 . | . 4 . | . 9 .
. 9 . | . . 5 | 7 6 .
------+-------+------
. . . | . . . | . 1 4
. . . | . 7 . | . . .
4 6 . | . . . | . . .
------+-------+------
. 4 9 | 1 . . | . 5 .
. . 6 | . 3 . | 8 4 .
. 3 8 | . . 6 | . 9 .
```

题目代码
.7.9..43.51.4.9...9...576........14....7....46........491...5..6.3.84..38..6.9.

如盘面18-15所示,下面我们来完成这个题目。首先我们可以通过基本的技巧做到这里(盘面18-16)。

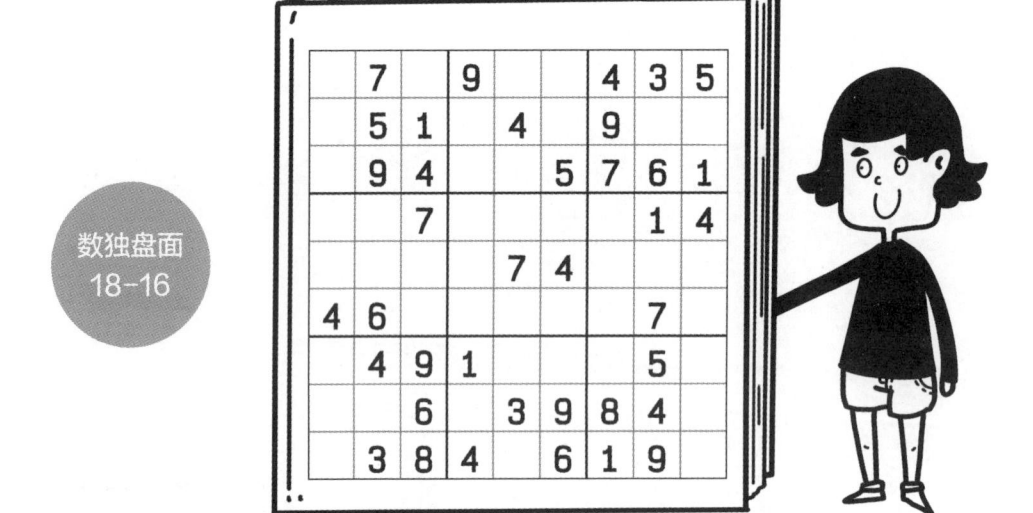

数独盘面 18-16

	7		9			4	3	5
	5	1		4		9		
	9	4			5	7	6	1
		7					1	4
				7	4			
4	6						7	
	4	9	1				5	
		6		3	9	8	4	
	3	8	4		6	1	9	

如盘面18-17所示,下面是本题的第一个难点。

第18讲 实战题目解析（三）——显性数对

数独盘面 18-17

	7		9			4	3	5
	5	1		4			9	2
	9	4			5	7	6	1
		7					1	4
				7	4			
4	6						7	
	4	9	1				5	
		6		3	9	8	4	
	3	8	4		6	1	9	

请观察HI9单元格。H9单元格通过唯一余数的类似行为可以得到，它只能填入2和7两种数字；同理可以得到，I9也是完全一样的结果。

因为HI9形成2和7的显性数对结构，因此可以看到，第9列别处就无法再次填入任何的2和7了。因此，B9≠2、7。

得到此结论后，第3个宫里的2就只能填在B8了，因此，B8=2。接着，我们可以做到这里（盘面18-18）。

数独盘面 18-18

	7		9			4	3	5
	5	1		4			9	2	8
	9	4			5	7	6	1
	8	7					1	4
				7	4		8	
4	6						7	
	4	9	1				5	
		6		3	9	8	4	
	3	8	4		6	1	9	

接着，我们需要使用唯一余数技巧。

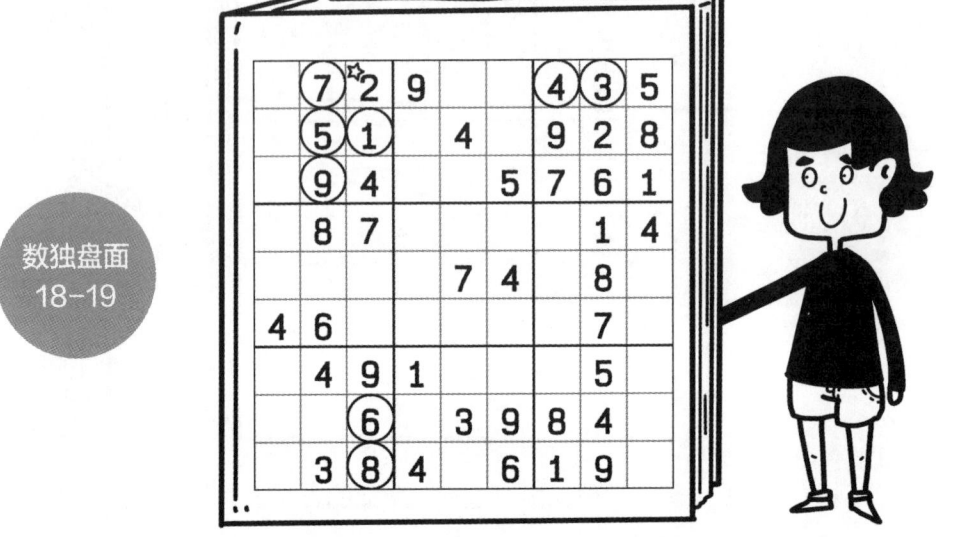

数独盘面
18-19

如盘面18-19所示，请注意A3单元格。可以通过唯一余数得到A3=2的结论。接着，是第二个难点。

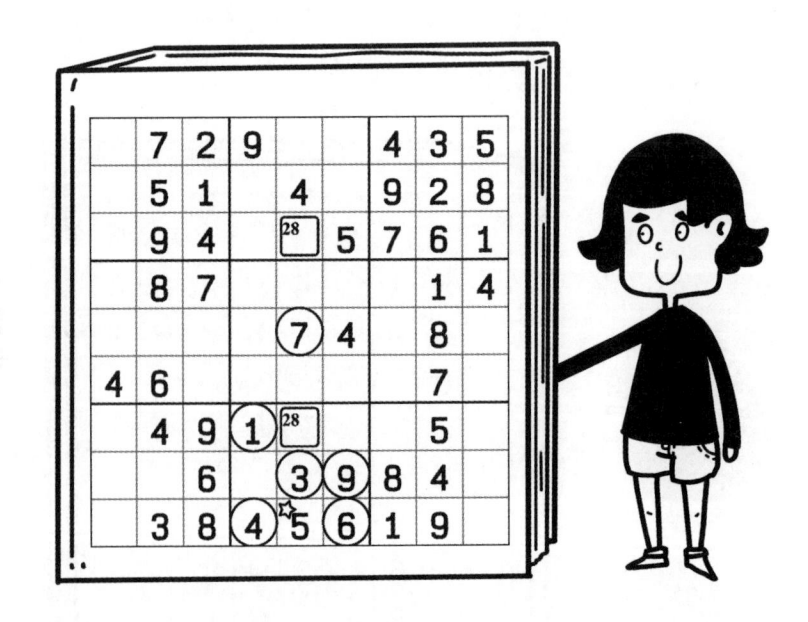

数独盘面
18-20

第 18 讲　实战题目解析（三）——显性数对

如盘面18-20所示，请注意第5列。通过唯一余数的类似操作得到CG5都恰好只能填入2和8两种数字，因此，CG5构成关于2和8的显性数对。

接着，得到该结论后，其中的1、3、4、6、7、9都已经在所在的行、列、宫出现过，而2和8则因为显性数对导致无法填入I5，因此，I5只能填入5。

至此，这个题目就不难了。来看一下这个题目的答案（盘面18-21）。

数独盘面 18-21

6	7	2	9	1	8	4	3	5
3	5	1	6	4	7	9	2	8
8	9	4	3	2	5	7	6	1
9	8	7	2	6	3	5	1	4
1	2	3	5	7	4	6	8	9
4	6	5	8	9	1	2	7	3
7	4	9	1	8	2	3	5	6
5	1	6	7	3	9	8	4	2
2	3	8	4	5	6	1	9	7

本题使用的技巧如下：

使用技巧名	使用次数
显性唯一	19
排除	30
唯一余数	1
显性数对 + 排除	1
显性数对 + 唯一余数	1

第19讲 实战题目解析（四）——隐性数对

本讲中，我们将介绍应用隐性数对技巧的题目。

标准数独入门：原来数独这么简单

第1节 题目1（基本题目）

数独盘面 19-1

		6		5		7		
	5	2		3	9			
3			2				5	
				9	2	1		
7	2				4		6	
	1	8						
						2		
			6	3		9		
			5					

题目代码
..6.5.7...52.39...3..2...5.....921..72...4.6..18..........2......639.....5.....

如盘面19-1，我们来看这道题怎么完成。首先，我们可以根据显性唯一和排除技巧填入一些数字（盘面19-2）。

166

第 19 讲 实战题目解析（四）——隐性数对

数独盘面 19-2

如盘面19-3所示，接下来是这个题目的卡点。

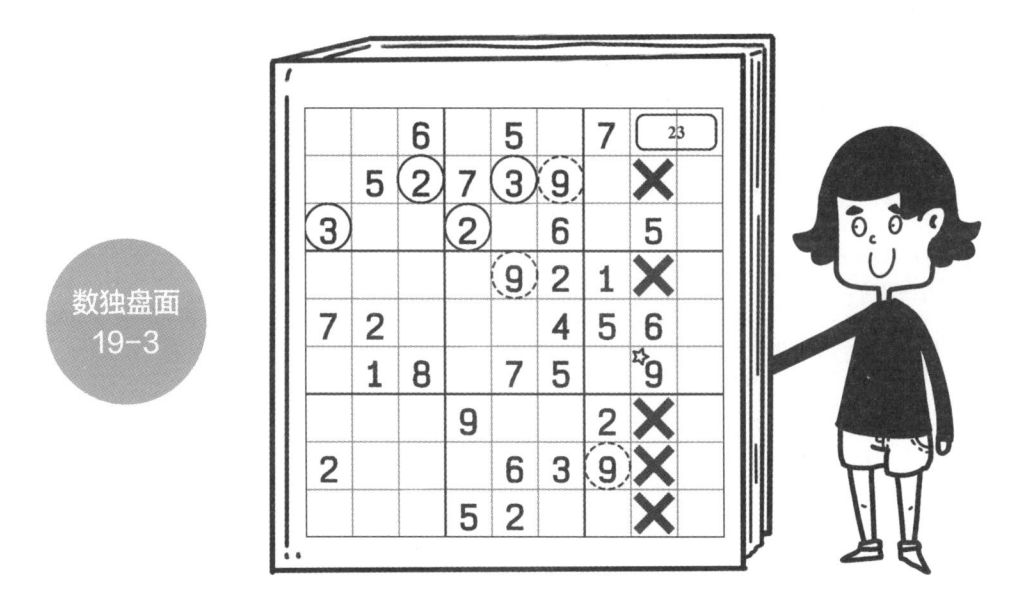

数独盘面 19-3

如盘面19-3所示，请观察第3个宫，通过排除的类似操作，可以得到，数字2和3只能填入A89两个单元格。

由于第3个宫只有A89两个单元格可以填入2和3，而且刚好也就只有两

标准数独入门：原来数独这么简单

个格子了，因此A89里一定不可能填入别的数字了，故A89构成2和3的隐性数对。

得到该结论后，我们再次观察第8列。可以看到，确定A89≠9[1]之后，数字9在第8列只能填入到F8里了，别处都无法填入9。因此，F8=9是整个步骤的结论。然后，题目就不难了。答案如下（盘面19-4）：

数独盘面
19-4

9	4	6	1	5	8	7	2	3
8	5	2	7	3	9	6	4	1
3	7	1	2	4	6	8	5	9
6	3	5	8	9	2	1	7	4
7	2	9	3	1	4	5	6	8
4	1	8	6	7	5	3	9	2
5	6	4	9	8	1	2	3	7
2	8	7	4	6	3	9	1	5
1	9	3	5	2	7	4	8	6

本题使用的技巧如下：

使用技巧名	使用次数
显性唯一	21
排除	35
隐性数对 + 排除	1

---

[1] A89 是 2 和 3 的隐性数对，所以 A89 里不可能填入别的数字。这里说的是 A89 ≠ 9 的意思是 "A89 两个单元格都不可以填入 9"。

第 19 讲　实战题目解析（四）——隐性数对

第 2 节　题目 2（显性数对和隐性数对）

数独盘面 19-5

3						4	5	6
7								
		8		4				7
4					2	3		
			8	9		1	7	
			1	6				9
9					6		4	
								5
6	1	2						8

题目代码
3.....4567.........8.4....74....23....89.17....16....99....6.4.........5612.....8

如盘面 19-5，下面我们来做这首题。

首先，我们可以通过基本的排除和显性唯一技巧做到这里（盘面 19-6）。

标准数独入门：原来数独这么简单

数独盘面 19-6

					8	4	5	6
3						8	1	3
7								
1	8		4		3	2	9	7
4					2	3	6	1
5	6	8	9	3	1	7	2	4
2	3	1	6			5	8	9
9					6	1	4	2
8						6		5
6	1	2				9		8

接下来需要运用显性数对技巧。

数独盘面 19-7

3	☆2	✗	17	8	4	5	6	
⑦						8	1	3
①	8		4		3	2	9	7
4					2	3	6	1
5	6	8	9	3	1	7	2	4
2	3	1	6			5	8	9
9					6	1	4	2
8						6		5
6	1	②				9		8

如盘面19-7所示，请注意第1行。第1行里1和7只能填入A45两个单元格，因此A23≠1、7。得到这个结论后，再次观察第2、3列。I3是2所以A3≠2，因此排除得到A2=2的结论。

第 19 讲 实战题目解析（四）——隐性数对

数独盘面 19-8

3	2	9			8	4	5	6
7						8	1	3
1	8		4		3	2	9	7
4	9	7			2	3	6	1
5	6	8	9	3	1	7	2	4
2	3	1	6			5	8	9
9				6	1	4	2	
8						6		5
6	1	2				9		8

继续填入一些数字，我们可以做到这里（盘面 19-8）。接着，是这个题目的卡点：隐性数对。

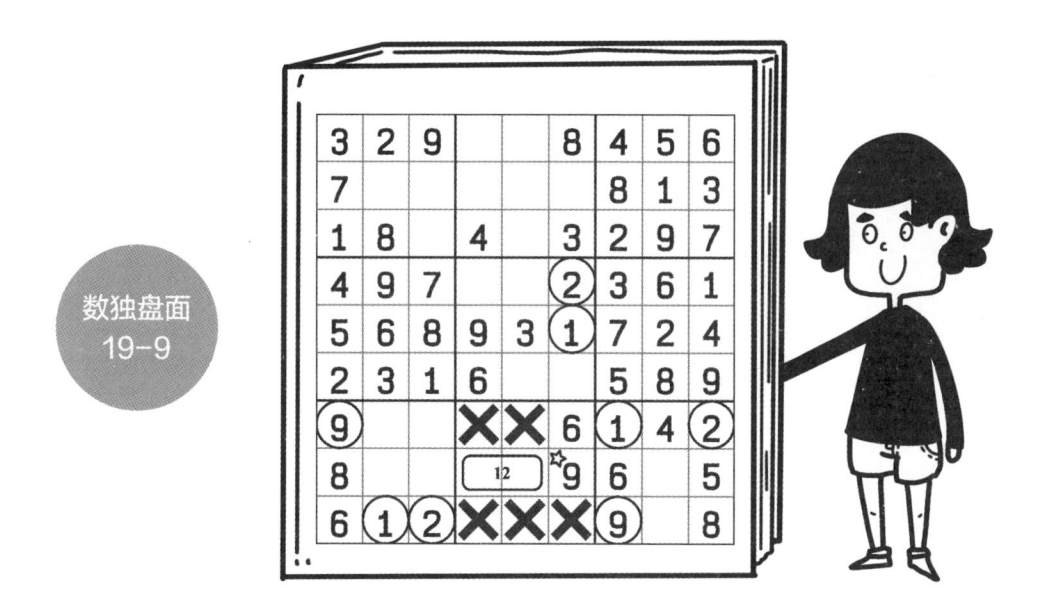

数独盘面 19-9

3	2	9			8	4	5	6
7						8	1	3
1	8		4		3	2	9	7
4	9	7			②	3	6	1
5	6	8	9	3	①	7	2	4
2	3	1	6			5	8	9
⑨		✗	✗	6	①	4	②	
8			12	☆9		6		5
6	①	②	✗	✗	✗	⑨		8

如盘面 19-9 所示，观察第 8 个宫，通过排除类似的操作，可以得到 1 和 2 只能填入 H45 两个单元格的结论，因此 H45 里只能填入 1 和 2。

标准数独入门：原来数独这么简单

得到此结论后，再次观察第8个宫就可以确定9的宫排除结论：H6=9。至此题目瓦解。我们来看一下题目的解（盘面19-10）。

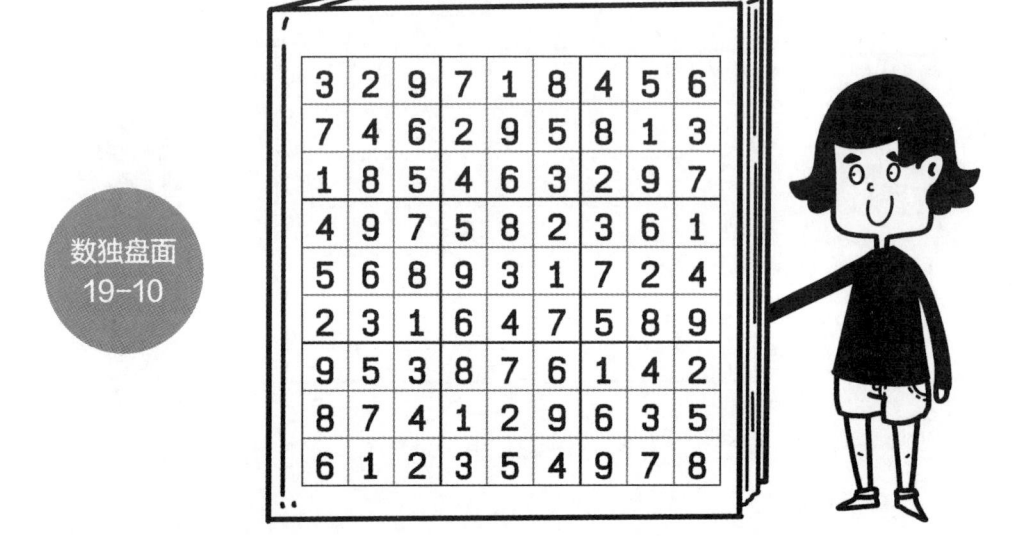

数独盘面
19-10

3	2	9	7	1	8	4	5	6
7	4	6	2	9	5	8	1	3
1	8	5	4	6	3	2	9	7
4	9	7	5	8	2	3	6	1
5	6	8	9	3	1	7	2	4
2	3	1	6	4	7	5	8	9
9	5	3	8	7	6	1	4	2
8	7	4	1	2	9	6	3	5
6	1	2	3	5	4	9	7	8

本题使用的技巧如下：

使用技巧名	使用次数
显性唯一	21
排除	32
显性数对 + 排除	1
隐性数对 + 排除	1

第 19 讲．实战题目解析（四）——隐性数对

第 3 节　题目 3（复杂的题目）

下面我们来看看第3道题（盘面19-11）。

数独盘面 19-11

8	6		9	3		7		4
2	4			6			3	
		7						
						9		3
				5		8		
7				6				
							2	
	8			4			6	5
6		2		9	7		4	1

题目代码
86.93.7.424..6..3..7.............9..3...5.8...7..6............2..8..4..6 56.2.97.41

这道题的难点比较多，下面我们挨个来看一下。首先我们可以通过排除和显性唯一做到这里（盘面19-12）。

标准数独入门：原来数独这么简单

数独盘面
19-12

	8	6		9	3	2	7		4
	2	4		7	6	5		3	
			7	1	8	4			
					4		9		3
					5		8		
	7				6		3		
						5	6		2	7
		8	7	2	4	1		6	5
	6	5	2			9	7		4	1

下面我们来到第一个难点：区块。

数独盘面
19-13

如盘面19-13所示，请注意第9个宫，还剩下三个格子，而且恰好都在第7列，因此我们立马可以确定的是，第9个宫缺少的数字3、8、9分别构成区块结构。

第 19 讲　实战题目解析（四）——隐性数对

那么，利用这个区块信息，我们可以得到第3个宫的结论：B9=8，因为8只有B9可以填入了。

同时，不只是这个8的结论，我们还能得到9的结论。

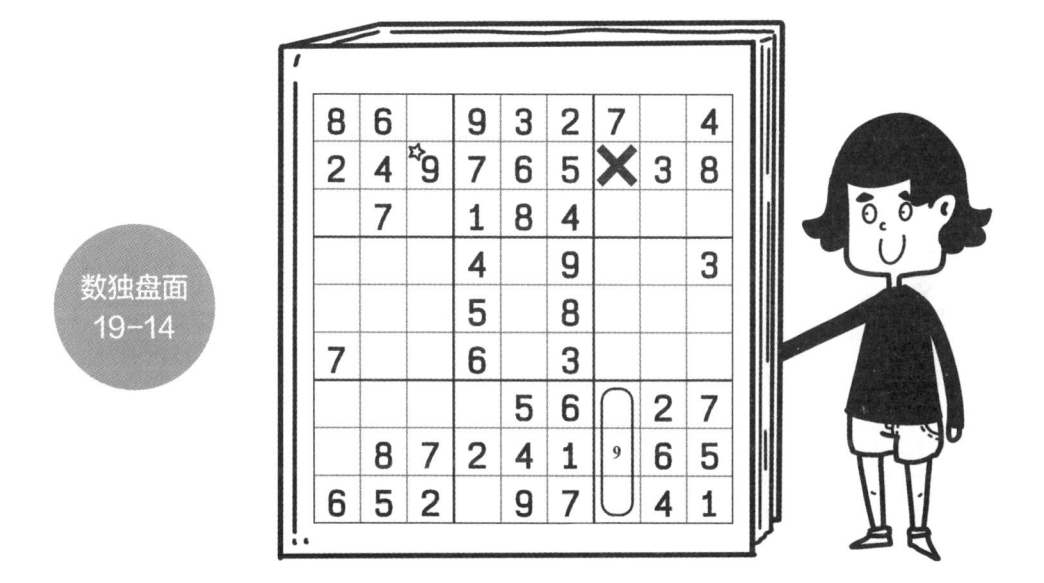

数独盘面
19-14

如盘面19-14所示，此时由于第3行现在已经得到了B9=8，因此第2行只有两处空格了。接着，第9个宫的9区块可以利用起来，得到B3=9的结论。

数独盘面
19-15

175

标准数独入门：原来数独这么简单

接着我们做到这里（盘面19-15）。此时C8有唯一余数。仔细观察第3个宫，还剩下3个空格，还缺少2、6、9三种数字没有填入。再次观察第8列，第8列已经出现2和6，因此我们可利用这个信息可以得到C8=9的结论。

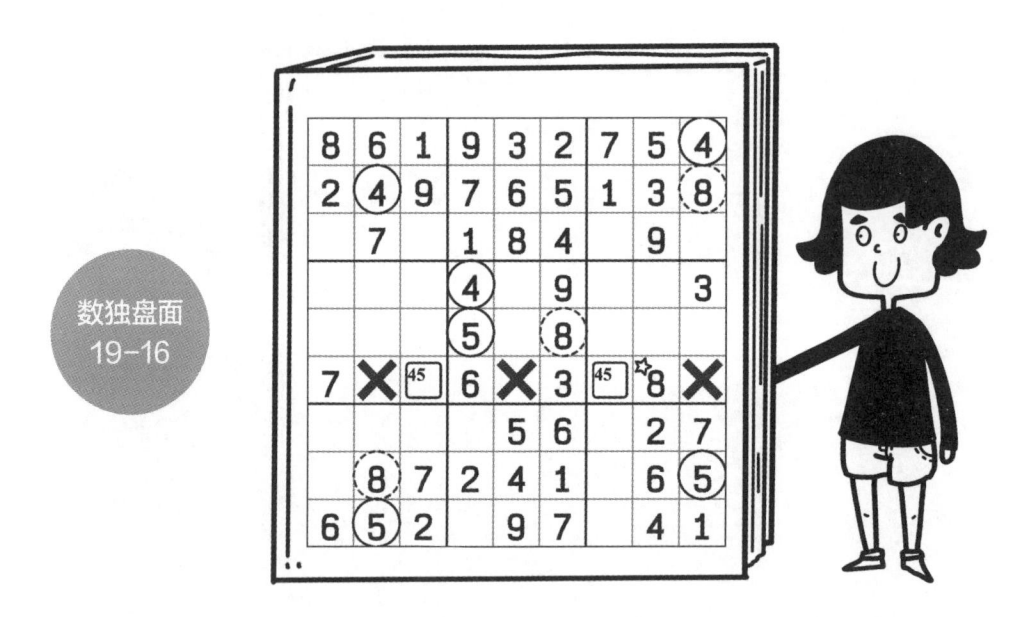

数独盘面 19-16

8	6	1	9	3	2	7	5	④
2	④	9	7	6	5	1	3	⑧
		7		1	8	4		9
				④		9		3
				⑤		⑧		
7	✗	45	6	✗	3	45	⑧	✗
					5	6		2	7
	⑧	7	2	4	1		6	⑤
6	⑤	2		9	7		4	1

接着，我们来看这里（盘面19-16）。这是这个题目的最后一个难点。注意第6行，F37两个单元格构成隐性数对。请注意4、5两种数字，第6行只剩下F37可以填入了。

再次观察数字8，可以发现，8只能填入F8。至此，题目后面就不难了。来看一下答案（盘面19-17）。

第 19 讲 实战题目解析（四）——隐性数对

数独盘面 19-17

8	6	1	9	3	2	7	5	4
2	4	9	7	6	5	1	3	8
3	7	5	1	8	4	2	9	6
5	2	8	4	7	9	6	1	3
1	3	6	5	2	8	4	7	9
7	9	4	6	1	3	5	8	2
4	1	3	8	5	6	9	2	7
9	8	7	2	4	1	3	6	5
6	5	2	3	9	7	8	4	1

本题使用的技巧如下：

使用技巧名	使用次数
显性唯一	19
排除	30
显性数对 + 排除	1
区块 + 排除	2
隐性数对 + 排除	1

第 20 讲 实战题目解析（五）——复合结构

实际上，前文学习到的区块和数对技巧是可以复合在一起使用的。正是因为如此，数独游戏的逻辑推理才会更加有趣、更富有挑战性。

下面我们找了一些例子，作为解析给大家列出来，希望各位读者可以边看边思考。

第1节 题目1〔（区块+区块）+唯一余数〕

数独盘面 20-1

	4							
9	7	3	1				5	8
			8	3				6
				5		8		
	6			4		3		
		4		1				
8					2	9		
6	3				8	1	4	5
						8		

题目代码

.4......9731...58..83....6...5.8..6.4..3...4.1..8....29.63..8145......8.

如盘面20-1所示，我们首先通过排除和显性唯一可以做到这里，如盘面20-2所示。

第 20 讲　实战题目解析（五）——复合结构

数独盘面
20-2

接着，我们来到题目的卡点。

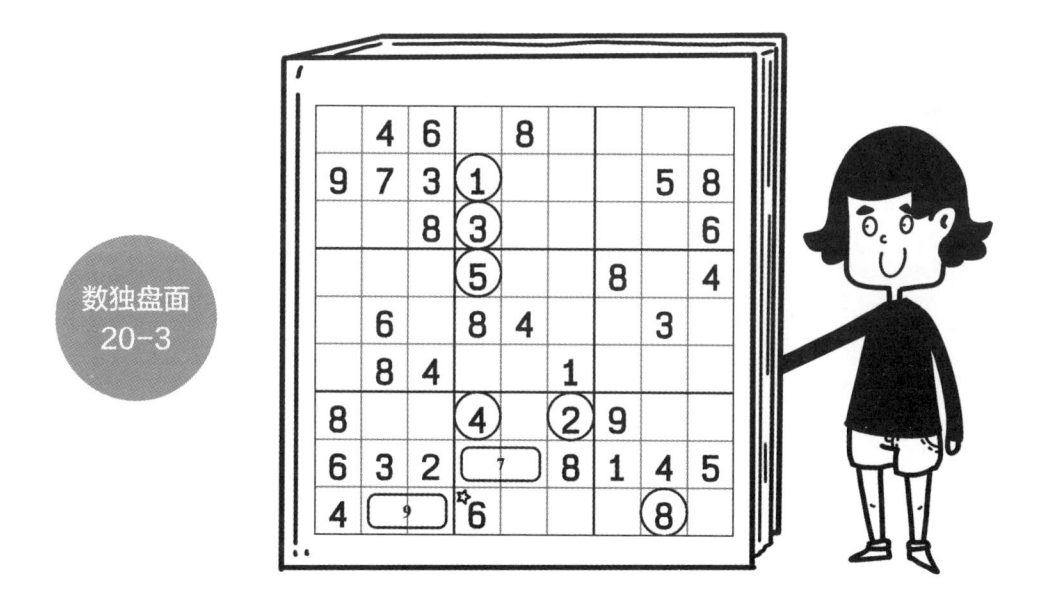

数独盘面
20-3

如盘面20-3所示，请注意第8行，我们仅剩下两个空格，那么缺少没有出现在第8行的数字7、9必然是这两个空格的填数。从另一个角度来说，7相当于是构成了行区块结构。于是，第8个宫的别处都无法再次填7。

标准数独入门：原来数独这么简单

与此同时，我们观察第7个宫就可以发现，数字9只能填入下面两个单元格I23上，这是因为第7行已经出现了9，G23≠9。而I23同属于第9行，所以第9行的别处也都不允许填入9了。

再次观察I4，此时I4就有唯一余数了。1、2、3、4、5、8都出现了，而7和9也受区块影响而导致I4不能填入它们。所以，I4=6是这个题目的结论。

这次我们使用了两次区块，才得到唯一余数。得到此结论后，后面的步骤就不难了。下面我们来看一下题目的解（盘面20-4）。

数独盘面 20-4

2	4	6	7	8	5	3	9	1
9	7	3	1	2	6	4	5	8
1	5	8	3	9	4	7	2	6
3	2	9	5	6	7	8	1	4
7	6	1	8	4	9	5	3	2
5	8	4	2	3	1	6	7	9
8	1	7	4	5	2	9	6	3
6	3	2	9	7	8	1	4	5
4	9	5	6	1	3	2	8	7

本题使用的技巧如下：

使用技巧名	使用次数
显性唯一	20
排除	33
（区块＋区块）＋排除	1

第 2 节　题目 2 [（区块 + 区块）+ 区块 + 唯一余数]

数独盘面 20-5

				9		2	4	
					1		7	3
				6	7	5		2
		2				6	8	
			1			3		
			4	9				2
				8	7	3		
7	6			2				
	9	3		5				

题目代码

....9.24......1.73....675..2.....68...1...3...49.....2..873....76.2......93.5....

如盘面20-5所示。首先我们可以通过显性唯一和排除做到这里（盘面20-6）。

183

标准数独入门：原来数独这么简单

数独盘面 20-6

接着，我们需要使用区块才能继续。

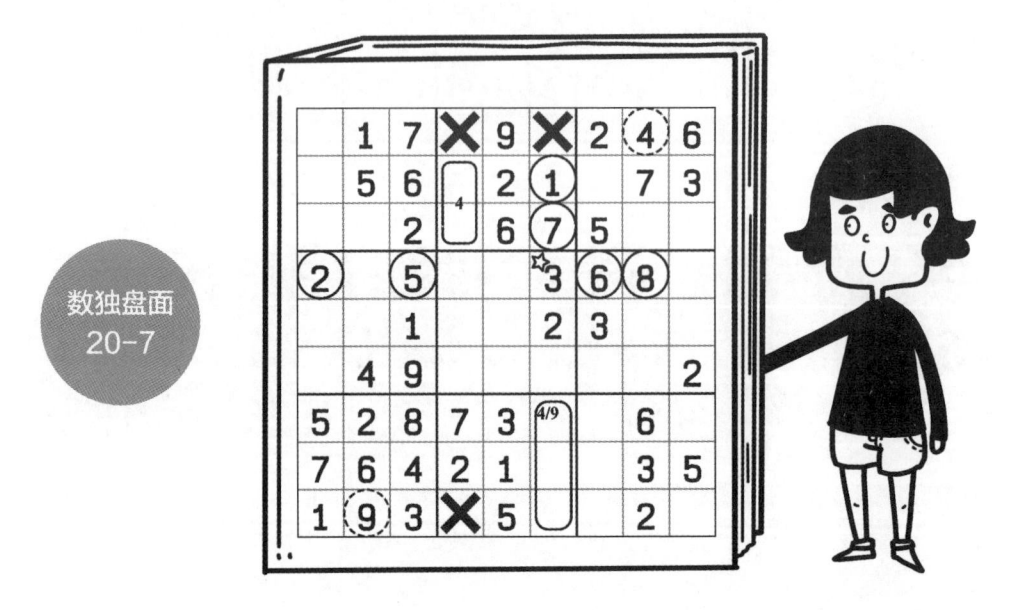

数独盘面 20-7

如盘面20-7所示。我们注意到，第2个宫有关于4的区块结构位于BC4，因此I4≠4。接着，在第8个宫中，由于在GHI6里必须填一个4，因此GHI6可以称为4的区块结构；与此同时，由于I2=9，所以I4≠9，GHI6也就形成了9的

第 20 讲　实战题目解析（五）——复合结构

区块[1]。

得到该结论后，我们可以观察D6了。D6此时有唯一余数：D6=3。这一步是这道题目的卡点，解决这点后，后面就不难了。下面我们来看一下这个题目的解（盘面20-8）。

数独盘面 20-8

```
8 1 7 3 9 5 2 4 6
4 5 6 8 2 1 9 7 3
9 3 2 4 6 7 5 1 8
2 7 5 9 4 3 6 8 1
6 8 1 5 7 2 3 9 4
3 4 9 1 8 6 7 5 2
5 2 8 7 3 4 1 6 9
7 6 4 2 1 9 8 3 5
1 9 3 6 5 8 4 2 7
```

本题使用的技巧如下：

使用技巧名	使用次数
显性唯一	21
排除	33
（2个区块＋区块）＋唯一余数	1

---

[1] 虽然我们可以看到，实际上 I6 ≠ 9，而且 H6 ≠ 4 也可以通过排除得到，但是在这里不需要这么严格，因为区块结构只需要是行和宫（或是列和宫）的共用单元格即可。

第 3 节　隐性数对 + 显性数对 + 唯一余数

我们来看下面这道题如何完成。

数独盘面 20-9

					5	9	4	7	
			4	2	7			1	
						8			
							3	6	
	8		9		1	4			
4	3								
		1							
3					1	7	2		
	2	9	4	6					

题目代码
....5947...427...1......8.........36.8.9.1.4.43.........1......3...172...2946....

如盘面 20-9 所示，首先，我们通过排除和基本的显性唯一可以做到这里（盘面 20-10）。

第 20 讲 实战题目解析（五）——复合结构

数独盘面
20-10

接着，我们来到了这个题目的第一个难点：唯一余数。

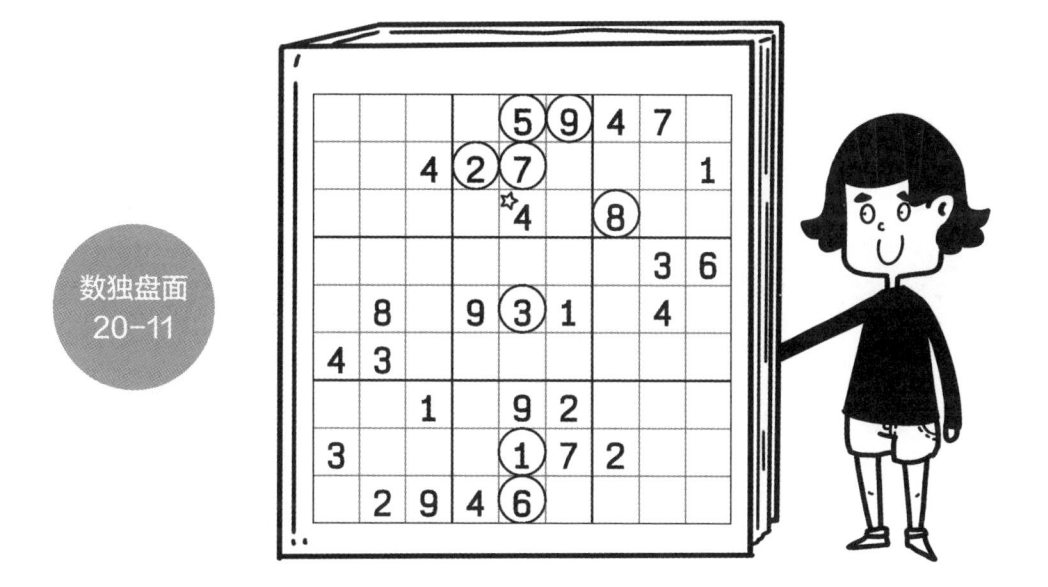

数独盘面
20-11

如盘面20-11所示，请仔细观察C5，它有唯一余数。

标准数独入门：原来数独这么简单

数独盘面
20-12

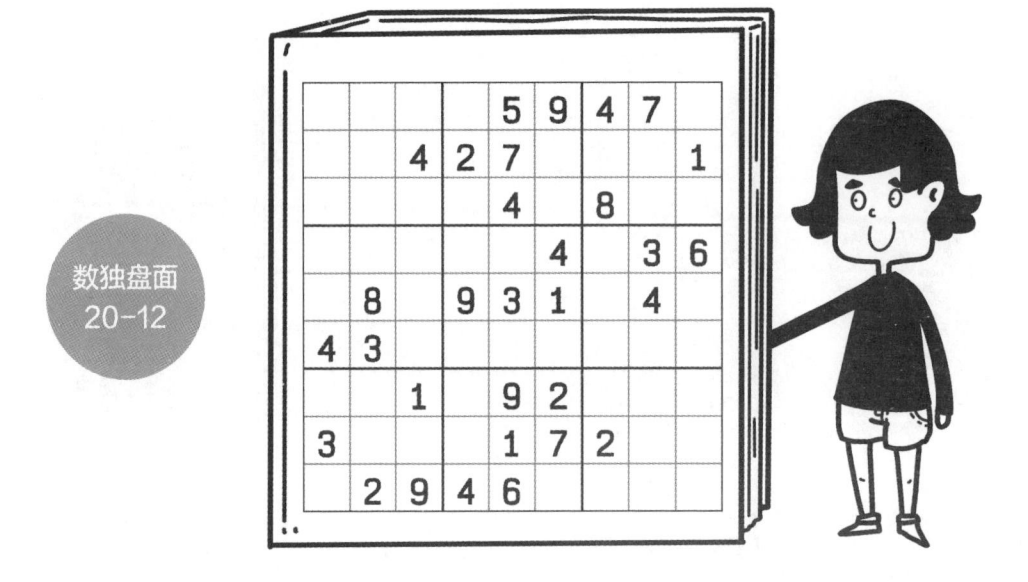

			5	9	4	7		
	4	2	7					1
			4		8			
				4		3	6	
	8		9	3	1		4	
4	3							
		1		9	2			
3				1	7	2		
	2	9	4	6				

继续填入一些数后，我们可以做到这里（盘面20-12）。下面是这个题目的难点。

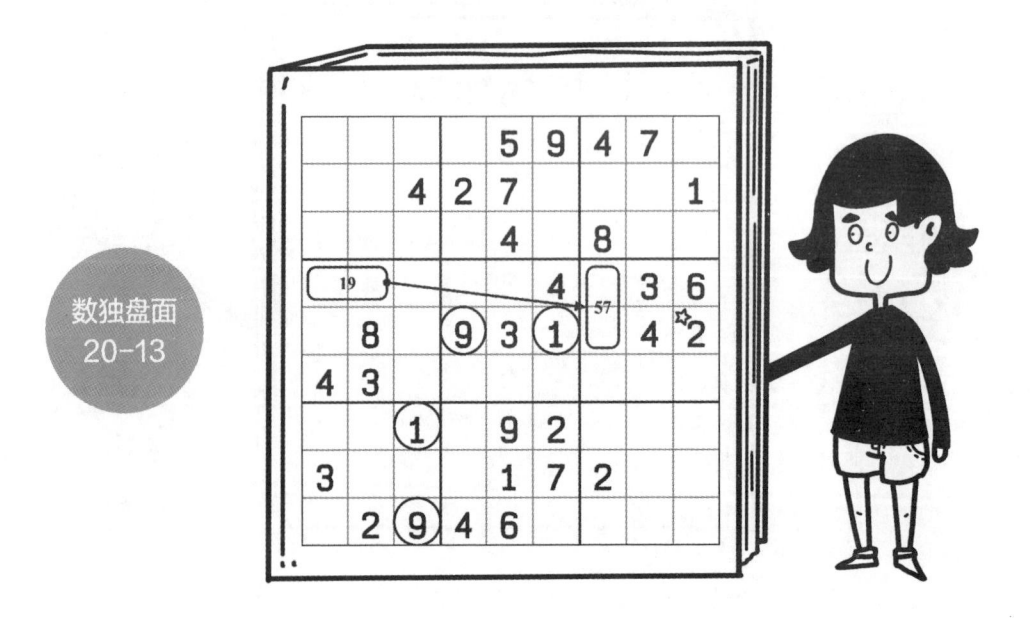

数独盘面
20-13

			5	9	4	7		
	4	2	7					1
			4		8			
19				4	57	3	6	
	8		9	3	1		4	☆2
4	3							
		1		9	2			
3				1	7	2		
	2	9	4	6				

如盘面20-13所示，请先观察第4个宫。我们可以发现，1和9在第4个宫里仅能填入D12两个单元格。因此，D12显然就构成了隐性数对结构。

第20讲 实战题目解析（五）——复合结构

得到隐性数对结构后，我们再次观察第6个宫，我们可以通过唯一余数的方式，得到DE7只能填入5和7。而请注意，原本D7还可以填入1和9的，但因为D12是隐性数对的结构，所以同行的别处都无法填入1或9，因此D7≠1、9，这才有了DE7是5、7的显性数对结构的结论。

得到这个显性数对的结论之后，我们再次利用唯一余数技巧，得到E9=2。至此，题目基本上就可以说不难了。

不过还有一个地方需要我们去完成：唯一余数。

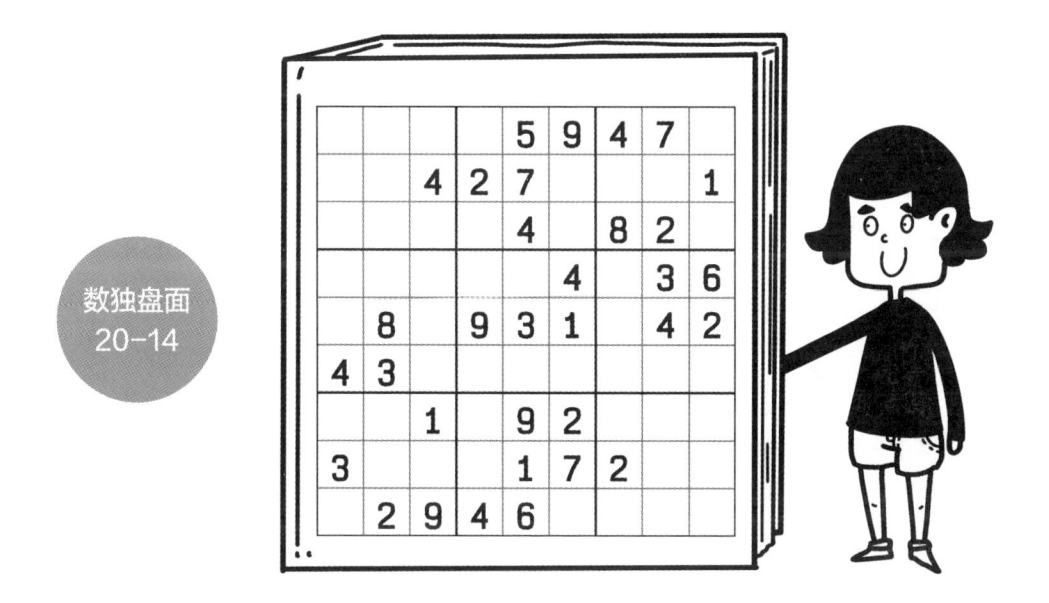

数独盘面 20-14

如盘面20-14所示，我们得到E9=2后，还可以得到C8=2的结论。

数独盘面 20-15

如盘面20-15所示，A9存在唯一余数3。至此，题目就不难了。我们来看一下答案（盘面20-16）。

数独盘面 20-16

第 20 讲　实战题目解析（五）——复合结构

本题使用的技巧如下：

使用技巧名	使用次数
显性唯一	20
排除	32
唯一余数	2
（隐性数对 + 显性数对）+ 唯一余数	1

第 21 讲
附加内容

本讲附上一些更为严谨、细节的描述和叙述。它们都不属于本书主要讲解的内容,所以可以当作扩展内容去阅读。

标准数独入门：原来数独这么简单

第 1 节　数独的发展历史和杰出人士简介

最初，数独是没有宫的，仅有行和列的要求（即规则里规定，每一行和每一列内的数字不重复）。此时的数独被称为拉丁方阵（或拉丁方、拉丁方块，Latin Square）。由于拉丁方阵，也包括如今的数独，它们的规则中并不涉及任何的代数运算，所以填入的每一个数字都可以换成字母或者图片。

其实，数独也有很长的历史了。

1612年，法国的数学家Claude-Gaspard Bachet de Méziriac就给出了3阶拉丁方阵的方法。直到18世纪，瑞士大名鼎鼎的数学家欧拉提出了解开n阶拉丁方阵的方法。

1892年，法国日报就发表了一个叫作"刁钻的幻方"（法语Carré magique diabolique）的东西，这个其实比较像数独了，但还有很多不同。上面的法语规则翻译成中文是这样的：填入1~9这9个数字，每个数字都要使用9次，并使得每一行、每一列以及两条对角线上的数字的和为一个定值。如图就是当时的那张报纸。

1970年，美国开始发展数独，并更名为"填数字"（Number Place，日语：ナンバー プレース），之后流传到日本并开始广泛流行，以数学智力游戏、智力拼图游戏发表。

在1984年，一本游戏杂志《パズル通信（つうしん）ニコリ》（谜题通信Nicoli）正式把它命名为"数字（すうじ）は独身（どくしん）に限（かぎ）る"（数字有唯一的限制）。当时名字就是这么长，但后期由于名字太长了，所以一个叫作鍛治真起的人就把它简化成了"数（すう）独（どく）"二字；而这里的"すうどく"也就是数独的日语发音，而它的读音Sudoku也就是英语里对数独游戏的称呼了。新西兰人高乐德在1997年3月到日本东京旅游时，无意中发现了这一游戏。他首先在英国的《泰晤士报》上发表，不久其他报纸也发表，很快这一游戏便风靡全英国，之后他用了6年时间编写了关于数独的网站，使这个游戏很快在全世界范围流行起来。

中国台湾于2005年5月首度引进数独游戏，并每日连载，亦造成很大的回响。中国大陆则是在大约2007年正式引入的数独，具体时间无从考究。

目前北京晚报智力休闲数独俱乐部（数独联盟前身）在新闻大厦举行加入世界谜题联合会的颁证仪式，成为世界谜题联合会的39个成员之一。后来更因数独的流行衍生了许多类似的数学智力拼图游戏，例如：数和（Kakuro）、杀手数独（Killer）、数图（Nonogram）等。

如今，数独在中国发展迅速，2013年，世界数独锦标赛WSC在中国北京举办；2020年的WSC的主办方也在中国（中国上海），不过因为疫情的缘故，2020年的WSC遗憾没有如期举办，而是推迟到了2021年；同步地，WSC也在2021年的11月12~21日在线上举办了数独的世界盛会（World Sudoku+Puzzle Convention，简称WS+PC）。

另外，数独的火热程度促使数独在中外发展迅猛。发展至今，在外国也有很多出色的数独玩家和大师，他们对数独的发展都作出了杰出贡献。下面我们来了解一下。

欧拉（Leonhard Euler）

欧拉（1707年4月15日—1783年9月18日），是瑞士的一位伟大的数学家和物理学家。欧拉在多个领域其实都有巨大的贡献，比如微积分和图论。另外，我们一直使用的函数表达"f（x）"，也是由他发明的。

他也非常爱护家人和小孩，一般晚餐的时候都会和他的小孩一起做数学游戏、读圣经。他将三阶的拉丁方程拓展为n阶。至今也有人在研究拉丁方的相关内容（比如技巧、和数学相关的知识之类的东西）。拉丁方可以称为数独的前身。

高乐德（Wayne Gould）

1997年，新西兰人高乐德在日本转机时，发现了店内有一本关于数独游戏的书，为了打发时间，他买了一本，并从此爱上了这个游戏。

他首先向妻子推荐，于是一家人都爱上了数独游戏。后来，他花了大约6年的时间自学编程，并作出了数独游戏程序。根据他自己说的话，他自己都不敢相信自己的努力："早知道编个程序这么难，我就不学了"，他这么调侃道。

后来，他因为特爱数独，为了推广，将数独免费推给了《泰晤士报》，并为其供稿。之后英国开始逐渐流行数独。

之后，他又将数独推广到美国。他首先向《今日美国报》投稿，但被拒决。这是《今日美国报》的一个决策上的错误，数独在美国越发流行后，《今日美国报》只好重新从其他渠道引进数独。逐渐地，他也就变成了全球的数独推手。

他的妻子其实比他的做题速度更快一些,而他们一家子人,都非常热爱数独。很多数独技巧也都由他命名,例如X-Wing(二链列)解法,不过本书尚未讨论该技巧,因为难度偏大。

锻治真起(Maki Kaji)

1980年,锻治真起在一家印刷厂工作,他当时就很喜欢纵横字谜,而他也一直想要出一本杂志。

于是,他找到了一位女性插画师,和一位热衷玩智力和解谜游戏的家庭主妇,三个人集资,创办了一本名为Nikoli的杂志。

这本杂志第一次就只印了500本,有趣的是,他竟然连价格都没有印在杂志上,于是他就去挨家挨户推广、免费送杂志。送了大概200本之后,有一家玩具店打电话询问他,想用100日元购买这本杂志,他高兴了起来,从此,他坚定了在日本推广谜题的决心。

他开始不断到各大书店推销杂志,也渐渐有了信心,三四年后,他辞掉了原本的工作,并真正创办了Nikoli出版公司。

想象力非常丰富的他,开始为这款当时没有恰当名字的游戏取名。他从规则联想到一位数、一个人,然后想到单身。最后,他采用了"数字具有唯一的限制"这个名字。后来由于名字太长,就慢慢缩短到如今的数独二字。1984年,数独游戏正式开始在杂志上连载。

正是由于金段治真起对数独的广泛宣传和支持推广,他被数独界公认为数独巨匠,更有人称他为"数独之父"。

遗憾的是,锻治真起这位"数独巨匠"于2021年8月10日去世,享年69岁。

西尾彻也(Tetsuya Nishio)

西尾彻也(1954—),生于日本和歌山县,是数独、谜题界的先驱级人物。他在80年代初期就已接触到名为Number Place的游戏(当时的数独被称为"填数字",即Number Place),并为日本最早的谜题杂志《PUZZLER》发表原创的数独题。此后发明了更加奇特的谜题,例如数图(Nonogram)等。

他曾任日本解谜大赛的谜题制作委员长,并在2006年举办的第一届世界数独锦标赛（World Sudoku Championship，一般简称WSC）中荣获第4名，解题实力宝刀未老。他被英国泰晤士报和德国STERN杂志誉为"谜题大师"。有一个数独技巧的名称也来源于他——西尾彻也强制链（同数的强制链，这也属于较难的技巧，因此本书不予提及）。

最近，西尾彻也和科学出版社合作（实则是日本Nicoli公司和科学出版社合作），出版了《世界最美超难数独》。

第 2 节　坐标表达的完整规则

本书中使用了数独坐标，但实际上它还有更为严谨的表达，但是也更不容易理解。

规则一：使用字母A~I表示第1~9行，而数字1~9表示第1~9列。将一个字母和一个数字配合起来，构成一个坐标，表示第几行第几列。

举个例子，比如A5就是第1行（A表示第1行）的第5个单元格（第5列）。

规则二：如果若干坐标要合并表达，可以使用顿号"、"把多个坐标连接起来，也可以使用大括号"{}"将多个坐标包裹起来，但此时坐标和坐标之间一般使用逗号"，"。

比如说A1、B2和C3三个单元格记作"{A1，B2，C3}"或者"A1、B2、C3"。注意有大括号的时候使用的是逗号，而不是顿号。

规则三：如果两个单元格同行，可以将表示行的字母合并，即只写一次；而表示列的数字则按从小到大的顺序依次排列。

比如，A1、A5和A9三个单元格在同一行，因此字母A可以只写一次，表示列的数字1、5、9则合并写在一起，即记作"A159"。

规则四：如果两个单元格同列，可以将表示列的数字合并，即只写一次；而表示行的数字则按字母表的顺序从前到后的顺序依次排列。

比如A1、E1和I1三个单元格在同一列，因此数字1可以只写一次，但表示行的字母A、E、I需要按照字母表的顺序排列，因此记作"AEI1"。注意简写后，坐标仍需要保证先字母后数字的表示方式，而不能写成"1AEI"。

规则五：可以将简写的坐标按照相同行列记号的方式继续合并到最简形式。

举个例子。A1、A2、D1、D2四个单元格可以分组为A1和A2，以及D1和D2。其中A1和A2简写为A12，而D1和D2简写为D12。但简写后，发现A12和D12的列记号部分"12"是完全一致的，因此列记号"12"也可以只写一次，然后列举出A和D即可。因此这四个坐标可以简写为"AD12"。同理，A1、A2、A3、B1、B2、B3也可以简写为"AB123"。

但请注意，A1、A2和B1三个单元格要简写的话，你只能简写为"{A12，B1}"或者"{AB1，A2}"而不能继续简写，因为这两种表示下，都无法继续合并。比如第一种写法"{A12，B1}"里，A12和B1的行记号"A"和"B"不同，列记号"12"和"1"也不同；同理，另外一个写法也无法继续简化。

规则六：同一组坐标的简写可能有多种，任何一种都是对的。

比如前文说明的A1、A2和B1三个单元格，它可以简写为"{A12，B1}"和"{AB1，A2}"，它们都是可以的，不存在谁对谁错的说法。两种都是正确的坐标记法。

规则七：使用等号"="表示某个单元格填入什么数字。

比如说，"A1=4"表示A1这个单元格（即第1行第1个单元格）填入的数字应该是4。

规则八：使用不等号"≠"、感叹号加等号"！="或小于加大于号"<>"表示某个单元格或某组单元格都不应该填入什么数字。

比如说，"{A1，C2}≠6"或"A1、C2≠6"表示A1和C2两个单元格都不应该填入数字6。

请注意，不等号"≠"、感叹号加等号"！="或小于加大于号"<>"没有任何区别，即"A1≠1""A1！=1"和"A1<>1"是同一个意思——A1不应该填入数字1（或者是A1不能填入1）。有些时候，不等号不方便打出来，我们就会考虑使用感叹号加等号"！="或小于加大于号"<>"来表示"不填入"的关系。

规则九：如果某个单元格或某组单元格能确定不能同时填入两种甚至更多种数字的话，可以合并不填入的数字序列，数字和数字之间不使用任何符号连接。

举个例子，假设我们发现A1、A5由于某处的数对的关系，导致它俩都不能填入1或2的话，那么我们可以将结论"A15≠1"和"A15≠2"简写为"A15≠12"，其中的"12"不是指12，而是1和2。因为数独里不存在超过数字10的情况。

规则十：如果表示某个单元格或某组单元格里的某个数字的话，我们可以对这个单元格（或这组单元格）使用小括号"（）"来表示其中的数字信息。

比如，我想说"A1、A2和A3三个单元格的数字1可以构成区块结构"的话，可以使用"A123（1）区块"来表示。

请注意，这种说法仅针对于可能的填数情况。如果单元格已经填了数字，或者它是提示数，就无法使用这一点。比如A1有提示数1，我们就无法把"A1的数字1"表述为"A1（1）"，这样是错误的写法。

第3节　盘面里使用的一些图片记号

这里也顺带罗列一些前文用到的图片记号。

第21讲 附加内容

数独盘面 21-1

如盘面21-1所示。

◎错误符号（×）：表示这个格子不应该填入什么数字。它一般用来表示宫排除或行列排除可以得到的结论；

◎圆圈（○）：单个的圆圈可以表示单元格用来对其他行、列、宫作排除，即当作排除信息来使用；但有些时候也可以配合其他的圆圈和箭头组合起来表示一些连续的排除结论；

◎箭头（→）：表示得到的顺次的排除结论的推理方向。换句话说，比如"A圆圈→B圆圈"可表示得到了A圆圈的排除结论之后，可以利用这个结论，得到B圆圈所在单元格的结论；

◎圆角矩形：表示一个区块。圆角矩形往往用来表示圈起来的几个单元格构成了一组关于某个数字的区块结构；

◎五角星（☆）：表示当前单元格是结论。换句话说，这个格子中的数字是前文学习的几个基本技巧的推理结论的话，可以在结论单元格上标记五角星表示单元格的出数确定。当然，也可以使用背景涂色的方式来表示确认填数；

◎行、列、宫整体的阴影涂色：表示这个区域参与一些推理过程，比如第3个宫有显性唯一的结论，我们会给第3个宫整体涂上阴影来提示结论在第3个宫。

第4节　题目的一些特殊属性

有些时候，题目会具有和具备一些非常奇妙的特性，这些题目会使得题目做起来更有趣一些。

一刀流题

这个概念可能比较陌生，不过它在有些地方也会出现。

一刀（也叫一刀流）指的是可以按从1到9的顺序进行逐个完成的题目。

数独盘面 21-2

							4	
				8			7	
1				3				
						2	6	
	2	5	4			9		
		8				5		1
	4	6				3		
		3		1		7		6
		2		5				

（第一行第一列为3）

举个例子，如盘面21-2所示，这道题目就是一道一刀流题目。这意味着你仅需要使用排除和唯一余数两种技巧就可以完成这道题目，而且可以按照次序从1开始逐数字完成。

题目的解如下（盘面21-3）。

第 21 讲 附加内容

数独盘面 21-3

3	6	7	1	2	9	8	4	5
2	5	9	8	4	6	1	7	3
1	8	4	5	3	7	2	6	9
9	3	1	7	5	2	6	8	4
6	2	5	4	8	1	9	3	7
4	7	8	6	9	3	5	2	1
5	4	6	9	7	8	3	1	2
8	9	3	2	1	4	7	5	6
7	1	2	3	6	5	4	9	8

珍珠题

所谓的珍珠题，就是第一个步骤无法使用排除和唯一余数直接得到，而必须借助至少是区块技巧才可完成的题目。

下面我们给出一道珍珠题。

数独盘面 21-4

	4	5	9					
9	1		5					
6		2		7			9	
	6			3				9
8			6		4			2
1				9			4	
	7			8		9		1
						9	8	4
					6	2	5	

203

题目代码

.459.....91.5.....6.2.7..9..6..3...98..6.4..21...9..4..7..8.9.1.....9.84.....625.

如盘面21-4所示。本题的第一个步骤需要一个数对。这样的题目就叫珍珠题。该题的答案如下，如盘面21-5所示。

数独盘面 21-5

```
7 4 5 9 6 3 1 2 8
9 1 8 5 4 2 7 6 3
6 3 2 1 7 8 4 9 5
5 6 4 2 3 1 8 7 9
8 9 7 6 5 4 3 1 2
1 2 3 8 9 7 5 4 6
2 7 6 4 8 5 9 3 1
3 5 1 7 2 9 6 8 4
4 8 9 3 1 6 2 5 7
```

钻石题

和珍珠题的定义相似的还有钻石题。如果一个题目的第一个步骤就是整个题目最难的一步，那么整个题目就可以叫钻石题。和珍珠题不同，珍珠题仅要求第一个步骤必须至少需要区块才可以完成出数结论，而钻石题的要求更加严苛：它还要求第一个步骤就是整个题目的最难步骤。

下面我给出一道钻石题。

第 21 讲　附加内容

数独盘面 21-6

			1				2
8			3	2	4		6
	3		5			7	
	2			5	9	6	
	5	7	6			4	
	9			1		8	
5		6	3	8			1
3				5			

题目代码

....1...28...324.6.3.5...7..2...596..........576...4..9...1.8.5.63 8...13...5....

　　如盘面21-6所示。这是一个钻石题，完成整个题目需要显性唯一、排除、唯一余数和数对技巧，而第一个步骤就需要用到数对技巧。

　　该题的解如下（盘面21-7）。

标准数独入门：原来数独这么简单

数独盘面 21-7

4	6	9	7	1	8	5	3	2
8	7	5	9	3	2	4	1	6
2	3	1	5	4	6	8	7	9
1	2	4	8	7	5	9	6	3
6	8	3	1	9	4	2	5	7
9	5	7	6	2	3	1	4	8
7	9	2	4	6	1	3	8	5
5	4	6	3	8	9	7	2	1
3	1	8	2	5	7	6	9	4

最小题/精简题

精简题（或者叫最小题）是一种特殊的题目，它在初盘里给出的提示数没有一个数是冗余的。换句话说，如果去掉初盘中的任何一个提示数，这道题都会变为多解题。

精简题的定义由来已久。它在一些数学研究上有一些意义，但在我们平时做题之中用处不大。在数学研究领域，众多数学家想要找出最少提示数的精简题和最多提示数的精简题，不过目前给出的结果（还不一定是正确的）分别是17和40。其中17提示数是肯定的，因为前文就说过，任何一个数独题目，如果是唯一解的，那么它至少都必须包含17个提示数。因此，17提示数的题目也都一定是精简题：因为这些题目任意去掉一个数，题目必定都是多解的。

而最多提示数的精简题却比较难得到。我们目前都还没有一个合理的、正确的方式可以证明或者是得到一个有效结果。目前发现的最多提示数的精简题是40个提示数构成的，如盘面21-8所示。

第 21 讲 附加内容

数独盘面 21-8

	1	2		3	4	5	6	7
	3	4	5		6	1	8	2
		1		5	8	2		6
	8	6						1
2				7		5		
	3	7		5			2	8
8			6		7			
2	7		8	3	6	1	5	

题目代码

.........12.34567.345.6182..1.582.6..86....1.2...7.5...37.5.28.8..6.7..2.7.83615

该题的难度不小。而且本书介绍的技巧对这个题目都无法起到有效作用，还要用到本书没有讲到的、更难的技巧。正因为题目仅用来给读者观赏，而不提供尝试，因此该题我将不给出题目的解。

第 5 节　其他数独相关学习资料

下面列举一些其他数独相关学习的资料和内容，让你能够对数独有一个更为全面的认知和了解。

数独技巧系列

◎数独技巧教程（视频系列）：https://www.bilibili.com/video/BV1Mx411z7uq

◎数独技巧教程（专栏）：https://www.bilibili.com/read/readlist/rl291187

◎入门数独教学系列：https://www.bilibili.com/video/BV1r7411j7hy

◎数独杂谈专栏：https://www.bilibili.com/read/readlist/rl447028

◎独·数之道数独技巧专栏：http://www.sudokufans.org.cn/forums/topic/69/

这些数独相关的链接可以帮助你学习数独的基本技巧，以及一些本书没有介绍的、难度较大的数独技巧，例如前文提到的强制链和X-Wing（二链列）技巧。其中，前面的四个页面是我（作者本人）发布和出品的内容，而最后一个是我相对比较喜欢和推荐的、和数独的相关技巧资料。这些资料相对更加全面，但难度也更大，所以仅需要了解基本技巧的朋友们可以只看前面的内容。

数独相关平台/工具

◎数独唯一余数数数练习：http://www.sudokufans.org.cn/finder.php

◎独·数之道：http://www.sudokufans.org.cn/

◎台湾数独发展协会官方网站：http://www.sudoku.org.tw/

这些网站提供了数独的情报、资料以及相关的辅助工具。